靈鷲山 2016 弘法紀要

Annual Collection of Dharma Propagation of the Ling Jiou Mountain Buddhist Society 2016

慈悲與禪

吉星

高照

吉年吉月吉時

丁酉 心道

導言

我們的使命就是愛地球、愛和平；用什麼方法？
就是慈悲與禪！真心才是互動之道，寧靜才是和平之道。

——心道法師

短短的幾句話，點出了師父賦予我們的使命，也道出了師父心中充盈無盡的愛，一切從心開始，從心去跟萬物互動，從心的寧靜來喚醒心中的和平，便能激發出心的能量——「愛」。透過慈悲與禪，讓我們的愛源源不絕地從心中湧出，用愛來消弭衝突與災難，用愛來淨化生命與環境，這也就是師父一直倡導的愛地球、愛和平，所以，二〇一六年就是充滿愛的一年。

落實師父的愛就從教育開始，今年最值得一提的就是緬甸弄曼大善園寺的沙彌學院正式成立和運作，在這神聖的古佛國中撒下師父愛與和平的種子，看到每一個小沙彌都非常認真地學習佛法、精進修行，我們在他們身上感受到師父的愛、師父的法，以及師父的傳承和佛法的希望，也讓我們更期待未來生命和平大學在緬甸巍然矗立的時刻。而在臺灣，我們也積極地用佛法來進行愛與生命和平種子的培訓，在八月、十二月時舉辦了第一屆的龍樹生命和平教育課程，講授四期教育中的阿含期和般若期法要；而在九月開始，也在各講堂教授四期教育的阿含期初階課程，期待用佛法教育培養大家生起般若智慧，用禪修來喚醒大家的靈性基因，讓有志學佛的普羅大眾，都能毫無距離的親近和深入佛法。師父將他對佛陀、佛法的愛，轉換成適合當代人的四期教育教化體系，以禪修為骨架，取法教為血肉，用深入淺出的階段式學習，將佛陀法教生生不息地傳承下去，這是一場永不止息的生命大學習，我們也將不斷地延續下去。

師父也通過平安禪法的教授以及和其他宗教的交流互動，將他的「愛地球、愛和平」理念傳遞到世界各個有緣的角落。今年二月師父受

邀到韓國參加第三屆世界禪修大會，以「聆聽寂靜」法門引領眾人回到自己的本來，讓與會大眾親身實踐師父禪法的殊勝。三月印度知名靈性導師古儒吉大師（Guruji, Sri Sri Ravi Shankar）邀請師父參加二○一六世界文化節，師父在演講致詞中也提醒大家，要用愛來關懷地球。而五、六月份的德國、奧地利行程，師父於維也納國王跨宗教中心演講時正式提出「愛地球、愛和平」理念。八、九月份又前往馬來西亞、北京、紐約等地，並且在紐約舉辦第一屆以「愛地球、愛和平」為主題的青年回佛對談。師父通過他的國際弘法，讓大家在感受到心靈的寧靜與禪修的美好的同時，也能了解生命之間都是相互依存的生命共同體，並由此理解愛地球、愛和平的真諦。

靈鷲山教團的各項志業如實奉行師父的願力和教導來開展，具體表現在禪修、教育、法會、慈善等各方面，像是二月發生的臺南地震，教團便以人溺己溺的大悲心全力提供協助，更發起以〈大悲咒〉來為臺灣祈福，幫助災民走出災難的陰霾，今年的水陸法會也設立牌位為所有罹難者進行超薦。而十一月適逢宗博開館十五週年，我們邀請各宗教代表齊聚一堂，大家共同用心中的愛來護持地球，活動中回顧我們十幾年來從事回佛對談的成果，展現了教團長期致力於宗教合作交流所積累的能量，我們將秉持這一份信念與努力，將師父的願力與愛，通過教團的各項志業，不斷地以最適當的方式呈現到世界上每一個角落。

新的一年即將開始，師父也給予我們一個提醒與祝福——「吉星高照」，師父就像是天上的星守護、加持著我們，而我們的使命也就是跟隨師父一起守護、護持著所有的大眾，願我們在這條成佛的菩提道上，精進修持、深入禪定、發大菩提心，以無盡的慈悲緣起來成為所有人生命中的吉星。

願正法久住，願上師常在，願慈悲遍滿、願眾生皆證無上菩提，阿彌陀佛！

釋了意 合十

目錄

總論

　　二〇一六年，靈鷲山各項志業陸續推動，包括聖山建設、弄曼佛教城建設，平安禪的推展與綠禪食培訓、四期教育的開展、青年回佛對談的舉辦，以及慈善事業等，尤其是從二〇一四年啟動的緬甸弄曼佛教城建設，到今年已粗具規模，首先沙彌學院於六月開學，心道法師並在七月前往弄曼主持愛學日功德迴向，未來弄曼大善園寺將成為靈鷲山推動「愛地球、愛和平」志業的基地，培訓推動地球平安的和平種子。今年也是靈鷲山面對全球化、面向國際重要的一年。為了拓展全球弘法志業的發展，落實「愛與和平、地球一家」的願景，心道法師特聘前匈牙利佛教大學校長葛達鎵（Karsai, Gabor Zsolt）先生擔任靈鷲山總執行長一職，邀請緬甸仰光省前行政總書記Khin Maung Tun擔任緬甸弄曼計畫負責人，並邀請前哈佛大學世界宗教研究中心主任蘇利文教授（Dr. Lawrence E. Sullivan）加入，成立生命和平大學紐約籌備處。期盼未來的生命和平大學計畫能深植緬甸當地，培育更多的和平種子。其次，則於聯合國總部舉辦首屆的青年回佛對談，將和平種子向下扎根、傳承。

　　在面對區域戰爭、衝突對立紛爭不休的當代，或許有人會十分悲觀的認為「和平真能夠期待嗎？」心道法師國際好友蘇利文教授在世界宗教博物館十五週年館慶中，分享當初心道法師於籌建世界宗教博物館時，面對他人質疑和平豈有到來的一日，回答：「正念最重要，正念轉，世界就會有和平的希望，對此，我深信不疑。」相信只要心存正念，心和平，世界的和平終會到臨。所以，靈鷲山也一直以「愛地球、愛和平」為目標，時時不忘初衷，積極對和平貢獻再添磚瓦。

一、以觀音的慈悲精神度眾

　　與觀音菩薩深具佛緣的心道法師曾說：「我十五歲時，聽到觀世音菩薩——妙善公主的故事，對祂捨身修道、慈悲度眾的精神，升起信心，想學習祂這種精神，所以發願要以觀世音菩薩的成就做為畢生修行

的目標。因此，觀音法門與〈大悲咒〉一直是我畢生行持的法門。」所以，從啟建的水陸空大法會與百萬大悲咒閉關，以及國內外的種種急難、慈善救助，都能看見心道法師與靈鷲山對觀音法門的實踐。

（一）第二十三屆水陸空大法會

水陸法會，全名為「法界聖凡水陸普度大齋勝會」，是漢傳佛教中規模最隆重、盛大的佛事。靈鷲山承襲心道法師的悲心願力，依循古制，本著「悲願、嚴謹、平等」的大普施精神籌辦水陸法會。此外，為了使水陸法會更加圓滿、莊嚴，每年於農曆七月水陸法會啟建前，都會先行舉辦五場水陸先修法會，期盼參與的功德主們，能在五場水陸先修法會中虔心禮懺，洗滌垢染障礙，成就福慧善果。

今年為靈鷲山第二十三屆水陸空大法會，法會首日邀請桃園地區諸宮廟，聯合舉辦「宗教聯合祈福會」，共同宣讀「愛地球、愛和平」宣言，呼籲大眾以謙卑反省的心，實踐「寧靜、愛心、對話、素食、再生、節能、減碳、節水、綠化」愛地球九大生活主張，向社會傳達「愛地球，愛和平」的生命和平理念。

心道法師在法會圓滿送聖時開示：「我從蓋世界宗教博物館開始，就一直在做向世界傳播和平的工作——『愛地球、愛和平』，這要從心出發，也就是在做心轉化的工作。參加水陸法會能幫助我們轉換內心、守護身語意，讓我們的習氣不斷地被轉換，所以我們要讀經、懺悔、持咒、念佛、做禪修的功課，在生活中落實水陸精神，才能圓滿一切事，成就一切法。」心是一切事物的實相，我們的心本來清淨，如果每一個人都能找回自己的本心，那麼地球平安、和諧就能水到渠成。

（二）大悲閉關21

據《千手千眼觀世音菩薩廣大圓滿無礙大悲心陀羅尼經》記載，持誦〈大悲咒〉可消除過去生死重罪、增長一切善法，得十五種善生、免受十五種惡死，所求如願，於往生時能隨願往生諸佛國，是觀音菩薩的事業行法，也是心道法師與靈鷲山四眾弟子的修行日課。

　　近年來世界各地天災人禍頻傳，而這一切都來自於人心的不平靜。心道法師認為唯有靠著強大的慈悲善念轉化，讓諸多共業慢慢消除，讓心寧靜下來，才能令災難平息，地球和諧平安。靈鷲山於二〇一二年首度舉辦「百萬真心·地球平安——21日百萬大悲咒願力閉關」，號召全球四眾弟子共聚，閉關二十一日共修〈大悲咒〉，以百萬遍的〈大悲咒〉迴向地球平安。自此二十一天的〈大悲咒〉閉關成為靈鷲山每年的盛事，每年持誦〈大悲咒〉皆達百萬遍以上，以此迴向地球平安、人心和諧。

　　今年「大悲閉關21」期間，加拿大發生森林大火，造成十餘萬人無家可歸，心道法師得知消息後，指示以第一梯次閉關共修所誦〈大悲咒〉迴向此次災難。二十一天閉關圓滿隔天，啟建「大悲閉關圓滿祈福法會」，四眾弟子持咒經行，巡禮靈鷲山，之後進行「佛前大供」，將閉關二十一天的功德總迴向地球平安、和諧。

　　今年十月，秉持著對上師悲願及觀音法門的傳承，靈鷲山護法會延續二〇一五年於寂光寺舉行的大悲行腳因緣，在基隆市中正公園舉行第二屆大悲行腳活動。活動當日，近千人先在公園草坪上禪修，體驗平安禪，然後口誦〈大悲咒〉經行，沿著步道前往大佛禪院，並於途中隨手撿拾垃圾，將靈鷲山愛地球、愛和平理念付諸行動，以行動愛護地球與家園。

（三）慈善事業

　　心道法師開示：「愛，讓我們得以突破彼此的差異，轉而用慈悲心面向世界苦難眾生，共同合作、思考，如何來解決這些苦難。」靈鷲山以「合作、連結」的災難救助模式，聯合各大宗教團體與國內外其他NGO團體，一同為地球貢獻心力。今年二月南臺灣發生強震，臺南地區受創嚴重，心道法師聞訊指示靈鷲山立即捐助百萬善款，並協助進行災民收容安置與緊急搜救工作。七月尼伯特颱風肆虐東臺灣，靈鷲山除了及時提供救援物資外，也發起志工前往臺東聖母醫院健康農莊及東海國中協助清理環境，讓災後環境迅速復原。除了災難的救助外，靈鷲山

還與醫療單位合作成立醫療團，前往缺乏醫療資源的緬甸偏遠地區義診及衛教宣導，包括八月時與蔡瑞頌診所、十月與高雄長庚醫院合作，靈鷲山慈善基金會並藉此機會與慈善團體建立未來合作的共識。

心道法師說：「在災難的當下，我們除了感受到痛失至親、生離死別的痛苦，感受到國土危脆、世間無常，更要能體會到社會的溫暖。所以我們要在遇到災難時，彼此患難與共，用行善的正能量，共同扶助、承擔與化解。善業循環需要靠每個人的努力，心存大愛，時時耕耘良善，社會才有無盡的正能量。」靈鷲山的慈善志業一直以來都是依此奉行，時時不忘觀音菩薩救苦救難的精神，致力於帶給人們溫暖與撫慰人心。

二、禪修，讓心回家

心道法師以禪為修行根本，強調修行即修心。透過禪修，可以讓我們明白心是什麼，跟心做好溝通與交流，找回心的本來面目，讓心回到原點，與自己內在的寧靜力量連結。唯有心寧靜下來，我們才會看到心的存在、心的空間，慢慢升起愛心、慈悲心，讓每個生命都能於當下喜悅，心和平了，世界才能真正和平。

為推廣平安禪，靈鷲山根據不同禪關的禪修行者需求，規劃不同的禪修課程。基本上，禪三的禪修者須具有一日禪修的經驗，禪七、禪十者，則分別須具備禪三和禪七經驗。而為了讓禪修行者能安心辦道，靈鷲山從今年開始培訓禪法工，作為禪關的護關人員，維護關房的清淨無染，讓禪修學員免於干擾，安頓身心。

近來如何吃得安心、吃得健康的食安問題，以及如何與土地建立更友善的關係，採行有機、自然的農法，不受農藥、工業等污染，這些議題逐漸獲得國人重視。有機素食不但有益自身健康，也有益地球健康，因此，靈鷲山結合環保、食物與養生，欲建立社會大眾對友善大地的共識，以食農、食養、食禪為核心理念，推動「綠禪食」培訓活動，並在靈鷲山實際落實綠禪食觀念，開設綠色廚房，提供有機、無毒的餐點，實踐禪食文化。食農就是友善土地、環保護生；食養是安心無毒、淨化身心；食禪為三德無缺、正念感恩。

心道法師開示：「地球只有一個，過度開發會讓地球生病，希望大家從內心和諧做起，回到靈性的世界，多素食、多有機，讓地球能呼吸，不要發高燒、拉肚子，重新健康起來。」禪是自然、簡單、樸實的生活，在禪的實踐中，我們將減少對自然的破壞，回歸自然，送給地球一個永續共榮、互濟共生的禮物。

（一）安居精進

靈鷲山於二〇一四年啟動封山安居精進，希望四眾弟子回歸心靈本山，內省精進。二〇一五年首度舉辦春冬安居，讓僧眾整頓身心、深持禪修，於禪關期間止妄息慮，行住坐臥皆安住於覺性中。今年的春安居從三月開始，四十九天的春安居，包含僧眾閉關及首度舉辦的信眾禪21，希望靈鷲山的四眾弟子在禪的訓練中，都能找回自心，讓心回家。並於十一月中啟建華嚴法會，以及繼二〇〇八年後，相隔八年再次依止寶華山律儀所舉辦的居家五戒暨菩薩戒戒會。

（二）平安禪

平安禪是心道法師根據多年的禪修修證體驗，以觀音菩薩的耳根圓通法門為主，藉由「吐納、攝心專注、覺知出入息、聆聽寂靜」平安禪四步驟，帶領人們寧靜下來，讓心和平，體驗身心自在的喜樂。

靈鷲山在全國各地講堂開設平安禪課程，每月於固定時段有開設基礎禪法、進階禪法課程，教授社會大眾如何藉由七支坐法、四步驟平安禪法、養生功法等禪修法門，時時刻刻觀照、安住己心，同時也藉由行住坐臥、吃飯、喝茶、養息等生活禪應用體驗，讓禪修落實在生活上，讓大眾學習與身體、心靈對話，從中體會慢活的涵義，學習在生活中處處實踐攝心。此外，也在總本山無生道場舉辦平安禪三、禪七以及禪二十一，在心道法師開示的引導下，透過坐禪、行禪、功法等體驗，讓行者在寧靜中讓心回家，體會心和平、世界就和平的真諦。

今年四月與十月，靈鷲山分別舉辦花蓮二日禪與臺東三日禪，在大自然中聽著蟲鳴鳥叫、風聲樹聲、溪水潺湲、海浪起伏，感受白雲在天

上作畫的自在，雲霧在流動中的禪意。讓禪不僅在禪堂中頓悟生死，更讓行者在與自然對話、交流中，領會生命的真義。

（三）寧靜運動

心道法師說：「我們身處資訊爆炸的時代，往往找不到依靠，找不到生活目標與寄託，所以我們需要『寧靜』，唯有在『寧靜』中，我們才能找回真實的生活，喚醒與大自然的聯繫，真正享受生命，讓內心安寧、地球和諧共生。」他強調唯有心寧靜，才能讓我們找到自己、反省自己，使得人與人之間能和諧無諍，進而達到世界和平。

靈鷲山自二〇〇三年於宜蘭羅東舉辦「萬人禪修」後，便持續向社會大眾推廣禪修寧靜的好處。二〇〇八年，為響應地球環保，讓更多人能享受到禪修的喜悅，擴展為「全民寧靜運動」。至二〇〇九年，再進一步發展為「全球寧靜運動」，持續推動心寧靜的力量。除了在各地不定期推廣寧靜運動外，靈鷲山更將禪修深植校園，於二〇一一年舉辦「心寧靜・情緒管理教師研習營」，吸引許多志同道合的老師前往參與，更於二〇一五年成立「全球心寧靜教師團」，與各級學校連結，每天於上課前，帶領學生進行「寧靜一分禪」，透過「深呼吸、合掌、放鬆、寧靜下來、讓心回到原點」五步驟，幫助學生找回心的寧靜，提升專注力、做好情緒管理，讓校園和社會更顯祥和。

今年八月，靈鷲山首次在海外舉行大型心寧靜運動，在馬來西亞檳城的植物公園舉辦「千人平安禪暨音樂會」，期盼藉此讓心寧靜運動在全球遍地開花，達到「愛地球、愛和平」的願景。心道法師於現場帶領大眾進行九分鐘平安禪，在禪修的寂靜中，伴隨著音樂演奏，以「心和平，世界就和平，人心和平是萬物有序的源頭，讓人與人、人與環境都能和平共處，永續共存」為勉，期盼將這股禪風吹往世界更多地方，讓人心都能和諧無諍、世界和平。

（四）國際禪修

今年二月底，心道法師受邀前往於韓國江原道舉辦的「第三屆世界禪修大會」，會中以平安禪四步驟領眾體驗禪修：從深呼吸開始，到攝

心觀照、覺知出入息，再慢慢導入聆聽寂靜，讓體驗者藉此感受禪的廓然寂靜，領受讓心回家的安定，在心中種下寧靜的種子。

隨後於五、六月間，心道法師前往德、奧兩地傳授平安禪法，分享禪修體驗。這是自二〇一一年以來，心道法師第四度前往德國傳授禪法。此行心道法師先於德國法蘭克福的Neumühle禪修中心，進行為期五天的禪法教授。隨後轉往歐洲最大禪修團體——德國本篤禪修中心（Meditionshaus Benediktushof）進行為期四天的閉關禪修。與德國極具影響力的禪師之一，同時也是臨濟法脈的Williges Jaeger神父相見歡。最後前往維也納Springer Schlössl會議中心舉辦為期兩天的平安禪體驗活動，將禪修種子撒播國外，為世界和平盡一份心力。

八月則受邀前往北京合光禪修中心，傳授平安禪法。合光禪修中心以辟穀為法門，心道法師也與學員分享自身辟穀閉關經驗，強調自身因辟穀體證到對自然天地的大愛，展現菩提心，希望學員能好好珍惜難得因緣，學習佛法，獲得生命的解脫。九月前往美國紐約長島主持平安禪三，教授平安禪法，為生活繁忙的紐約客帶來一份心的寧靜，並以「禪修能讓我們的心回家，心回家，我們才能理解宇宙生命是一個共同體」開示，將「心和平世界就和平」的種子深植紐約。

三、追求愛與和平地球一家

多年來，心道法師除了在世界宗教博物館展示各大宗教的傳統與特色，提供多元生命教育，讓大眾體會各宗教的真善美以外，也不斷地與各宗教領袖、學者專家共同探討地球永續及世界和平等議題，希望能為紛亂的未來找出解決之道。例如多年來在世界各地舉辦多場回佛對談，希望藉由佛教與伊斯蘭教的對話，從中找到切入點，消弭宗教間的衝突與誤解，讓世界走向和平，地球能永續發展。

為了落實與延伸世界宗教博物館的理念，心道法師於二〇一四年開啟緬甸弄曼佛教城計畫，並以沙彌學院做為和平的前哨站，計畫在此處設立生命和平大學，建立完整的教育系統，培養具有跨宗教理念的和平種子。六月弄曼沙彌學院開學，招收一百五十二名沙彌，心道法師並在

七月初前往弄曼，主持「愛學日功德迴向」儀式，受到緬甸當地各民族及佛教長老的歡迎與認同。靈鷲山在緬甸和平志業順利建立起一座實踐的基地，未來將陸續在緬甸開展教育、佛教、文化、農業，以及慈善與醫療等各項志業，建設一個充滿愛與和平的模範佛教城。

（一）實現和平的平臺：世界宗教博物館

今年正逢世界宗教博物館歡慶開館十五週年，從二○○一年創館迄今，宗博館始終秉持著「尊重每一個信仰、包容每一個族群、博愛每一個生命」的創館理念，致力於宗教間的交流、對話與生命教育的推動。為了迎接十五歲的生日，世界宗教博物館兒童館換了新裝，改以「愛的星球」為主題，結合3D新科技與動畫多媒體互動元素，加入劇團表演、遊戲、說故事與教育功能，讓小朋友在這裡學習「愛的生命教育」。另外，在十一月九日館慶當天，特別邀請前哈佛大學世界宗教研究中心主任蘇利文教授（Dr. Lawrence E. Sullivan）與世界宗教博物館國際計畫總監瑪麗博士（Dr. Maria Reis Habito），進行「發現相互依存的神聖根源──回佛對談十五年青年講座」專題，回顧世界宗教博物館創館十五年來，推動回佛對談的經歷與成就。下午則是宗教代表祈福及「愛地球、愛和平」感恩音樂會，由世界宗教博物館創辦人心道法師與其他近二十位宗教代表及駐臺大使共同祈福，祈願：「一願尊重信仰，兼容族群；二願萬物和諧，多元共生；三願人間無苦，愛心喜樂；四願世界和平，地球永續。願我們共同為人類的美好與地球的平安，繼續努力與奉獻。」

另外，今年宗博館也策劃推出多項特展，包括「流轉‧再生──國際紙纖維藝術雙年展」、「世界文化遺產──重慶大足石刻藝術特展」、「天堂之美在人間──東正教當代蛋彩聖像畫特展」、「萬縷千絲‧定於一心──雀金繡宗教藝術展」、「藝曲同貢‧世界宗教博物館慶十五週年藝術創作特邀展」，以及「福祥吉兆─王步青花瓷繪及交趾陶特展」等特展，結合宗教關懷與文化藝術，展現宗博館「尊重、包容、博愛」以及「多元共生、相依相存」的理念。

（二）回佛對談

地球只有一個，心道法師呼籲我們應該要好好保護、愛惜地球，各宗教的使命都是為了讓世界更美好，可以藉由宗博館這一跨宗教交流的平臺，把愛與和平的訊息傳遞出去，讓各宗教一同來進行愛地球、愛和平的工作，保護好這個地球家，讓世界更美好。

今年九月，心道法師繼二〇〇八年後，再度前往紐約聯合國總部舉辦第十五屆回佛對談與第一屆的青年回佛對談。今年首度舉辦的青年回佛對談，邀請八位十八歲至三十五歲的佛教與伊斯蘭教青年領袖為主談人，共同討論「如何看待現今世界？如何攜手合作讓世界變得更美好？」在反覆對談中，大家明白每個宗教的最終目的都一樣，都是在用愛與奉獻追求靈性、走向真理，讓大眾得以覺醒，更加明白如何讓生命服務生命、生命奉獻生命。心道法師希望透過此會談，將多年累積的寶貴經驗傳承給優秀青年，為世界良善的循環貢獻一份心力，讓和平志業不斷，地球和諧共存。

於美國舉辦回佛對談與忙碌弘法期間，心道法師特地抽空與國際好友美國RAA公司總裁奧若夫（Ralph Appelbaum）會晤，奧若夫總裁好奇地問心道法師：「我們已經替人類提出這麼多純善的理念，但是世界依舊如此問題不斷，甚至越演越烈，是什麼動力讓你繼續堅持下去？」心道法師回答：「當我們接近靈性時，就會知道應該對世界做些什麼。佛給了我們一把進入心的世界的鑰匙，讓我們看到世界本是整體，彼此息息相關、相依相存，這就是佛所演示的華嚴世界。所以我一直用『和不同宗教交朋友』的心來做這個工作，我相信，只要多一個朋友，就會多一份相互支持的力量。所以我只要把『交朋友』這件事做好，宗教對話就能產生效果，發揮宗教的力量，一起合作來愛地球，促進人類永續生存，這個世界總有和平的一天。」言談中不見對未來的擔憂，只有滿盈著對和平到來的願力。

（三）撒播和平種子在緬甸

心道法師於二〇一四年啟動的「緬甸臘戍弄曼佛教城計畫」，是一個包含教育、文化、宗教、有機農業、醫療、慈善等多元功能的和平基

地。其中，被視為實踐生命和平大學首步的沙彌學院於六月正式開學，並於七月初舉行愛學日功德迴向儀式，獲得當地民眾熱烈歡迎，計有果敢族、苗族、傣族、布朗族等當地諸多民族，身穿傳統代表服飾，展現多元文化特色，也展現了不同文化的美好。心道法師於致詞時提到：「我希望在這裡興建一所可以與世界接軌的生命和平大學，我們先從愛地球、多元共生的推廣開始，慢慢影響整個國家、全人類，凝聚愛地球、愛和平的共識，培養和平的種子。緬甸境內有一百三十幾個民族，是個多民族、多元文化呈現的地方，所以我在這裡培養和平的種子，實踐愛地球、愛和平的教育，轉換衝突，研究如何讓地球更美好，應該滿適合的。」言談中顯現心道法師對於和平藍圖的規劃。

緬甸是一個佛國，民風純樸自然，同時卻也是多族群組成的國家，歷來族群間的衝突不斷，心道法師對此相當關心，不僅規劃在弄曼佛教城建立一座「民族文化館」，促進族群間的融合，並透過實際行動，促成族群間的和諧。因此十月時，在心道法師建議下，於緬甸果敢區首府老街市啟建一場「千僧安靈法會」，自法會前五日開始，即由五十位法師日夜輪流誦念《發趣論》，法會當天更有上千位比丘誦經超薦亡靈，迴向多年來於緬北邊境山區、因多民族問題引發戰亂而往生的諸多軍民亡靈。這場盛會獲得當地佛教長老支持，包括緬甸仰光全國上座部國立佛教巴利大學校長鳩摩羅尊者（Ashin Kumara），還有緬北最尊貴的兩大長老——傣族區大長老度卡引達尊者和曼殊大師等大長老的與會，象徵著心道法師在緬甸推動多元共生、相依相存的理念，獲得重視與認同。

四、傳承以教育為基石

心道法師常說「教育即組織，組織即弘法」，唯有做好教育，佛法才能永續傳承，才能接引眾生，了生脫死，成就佛道。因此，在僧眾教育上，心道法師非常注重弟子的教育，訂立各種規制，如每週一的封山日，或是四季閉關、春冬安居等等，以及四期教育及四期禪的推動。而在日常生活教育上，也以言教、身教，引導弟子在生活中觀照自心、回

歸心性。此外，心道法師還邀請三乘傳承的長者、成就者來山為弟子授課，期待弟子在多聞中，「傳承諸佛法，利益一切眾」。同時在信眾教育上，延續四期教育及四期禪的推動，引導眾生能在成佛路上，菩提道心堅固，沒有猶豫和徬徨。

（一）僧眾教育

僧眾為三寶之一，是佛陀法教的持有者與傳遞者。因此，靈鷲山對於常住僧眾的教育極為重視，期許僧眾擔負起佛法傳承及教化眾生之大任。因此，除了三乘佛學院的學院課程外，為了推動四期教育，靈鷲山分別舉辦阿含初階基礎課程、阿含期初階課程「初轉之法」的全山課程，以及師資培訓課程。

另外，三乘佛學院連續第三年邀請緬甸仰光全國上座部國立佛教巴利大學校長鳩摩羅尊者與教務主任Ashin Therasabha為全體僧眾講授為期一個月的「南傳專題」，課程主題為「南傳僧伽律儀」、「攝阿毗達摩義論」，讓僧眾對阿含經藏有初步的學習。今年並邀請藏傳直貢噶舉傳承持有者澈贊法王來山講授「大手印心要」。八月寧瑪噶陀黃金法台之一格澤法王，為僧眾講授四聖諦法要以及遠離四種執著。十二月時，同時持有寧瑪、竹巴噶舉傳承的措尼仁波切來山講授大圓滿法要。

（二）信眾教育

為推廣四期教育，分別在五月及九月於全臺各講堂開設阿含初階基礎課程、阿含期初階課程「初轉之法」，從認識佛法基本概念入門，再到如何將佛法運用到日常生活的教授，將靈鷲山的宗風精神融入其中，使學員得到正信正念的佛陀法教。並前往海外包括馬來西亞柔佛、中國北京、上海、廈門、美國紐約等地舉辦四期教育營隊，另外也特別為榮董開設四期宗風體驗營，將四期教育解行並重的精神貫穿在靈鷲山宗風與傳承的法脈，讓四眾弟子更了解心道法師的願景及弘法志業。

今年六月底，靈鷲山在新加坡舉行的第四屆東南亞宗風研習營，心道法師以「四期教育為我們的『產品』，我們要對這個產品很清楚，才能把宗風『慈悲與禪』推廣出去，把生命的記憶體做好，做到身好、口

好、意好,培養正能量的記憶體,化解負能量;做好正面、積極、樂觀、愛心、願力五德,做為日常生活的態度。」希望透過教育的傳承,將靈鷲山「慈悲與禪」的宗風精神發揚到每個角落,讓全世界都充滿愛與和平。

(三)龍樹生命和平教育課程

二〇一四年,靈鷲山啟動四期教育傳承;二〇一五年,正式於各地講堂開班授課,向社會大眾傳播;到了二〇一六年,則更進一步啟動「龍樹生命和平教育課程(Nagarjuna Education for Peace and Life)」,計畫邀請世界上重量級講師,採用雲端學習,透過網路線上指導,設計「生活禪省思和實修」,從生活中去實踐,從人我關係中覺醒,讓學員們在不同領域間碰撞、學習解行並重,獲得覺醒,奠定綻放生命智慧的基礎。希望藉此啟發青年學子的生命內涵,明瞭世間乃為生命共同體,種下一顆愛與和平的未來種子,不再為世間的衝突偏見所束縛,從而激發起內在靈性的智慧。經由自我的學習有成,拓展到家庭、社會乃至全世界,使人們能在生活中感受到心的和平,實現「心和平世界就和平」的願景。

「龍樹生命和平教育課程」分為三年密集課程,第一年主要教導學員們先喚醒自我生命智慧的寧靜基因,從淨化身心、閱讀生命觀點、建構生命智慧開始學起,獲得清淨無染的寂靜力,培養心的覺受力,體察微細的生命智慧。第二年則著重在培養學員於日常生活中升起悲心,豐盛自我內心,且能進一步秉持慈悲心自利利他,達到生命的善循環,將心的寧靜與世界和平做連結。第三年則是啟發學員了解多元共生,發現生命是個大網絡,明白生命共同體的精神,將愛與生命智慧分享給有緣人,讓和平能永續。

(四)居家五戒暨菩薩戒戒會

持戒為學佛的基礎,心道法師說:「戒是生活的軌則、規範,幫助我們在生活中把心調好,讓生活中粗魯的思維變得細膩、清淨,種下成佛的種子。」由此因緣,靈鷲山在繼二〇〇八年以後,相隔八年的時間,於年底再度以戒律嚴謹著稱的寶華山律儀為依歸,啟建「居家五戒

暨菩薩戒戒會」，此次戒會恭請靈鷲山開山大和尚心道法師擔任得戒阿闍黎與依止和尚，惟悟法師為羯摩阿闍黎、大雲法師為教授阿闍黎。戒期中的每項儀軌均遵循寶華山定制，嚴謹凌厲的戒壇精神，成為靈鷲山傳戒的主要恪守。

結語——讓和平傳承永不斷

有人說科技是把雙刃劍，既提升人類的生活品質，造福了人類，卻也帶來了消費主義盛行、毀滅性武器的威脅，與造成極端氣候變遷等不良影響，成為地球毀滅的元凶。然而，追根究柢來講，這一切其實都根源於人心，如果人心向善，將科技用於正途，它就會成為人類通往幸福大門的鑰匙，反之則只會帶來衝突、戰亂與毀滅。

心道法師從修行以來，體證到心為一切根本，心和平、世界就和平，所以一直致力於愛地球、愛和平的志業推廣。二〇一六年心道法師奔波國際，推廣禪修與和平志業，從二月底受邀參與在韓國舉辦的世界禪修大會，到五、六月時，又受邀前往德國、奧地利推廣禪修，在奧地利的阿布杜拉國王跨宗教與跨文化對話國際中心（KAICIID Dialogue Center），發表「愛地球、愛和平」演講，分享自身跨宗教交流經驗。之後又於七月初前往緬甸，進行弄曼佛教城計畫，藉由沙彌學院的創建，替學員們種下和平的種子，為世界和平盡心盡力。

八月則分別前往北京合光禪修中心進行平安禪三教授，以及前往馬來西亞檳城舉行「千人平安禪暨音樂會」，傳遞讓心歸零、回到原點的提醒，以行動實踐「愛地球、愛和平」的理想。九月則前往美國紐約舉辦第十五屆回佛對談與首屆青年回佛對談，強調以交朋友的心態來耕耘世界和平的種子，縱使如今尚未見成果，但只要堅持下去，繼續撒播和平種子、深耕未來，和平總有到達的一日。十月則前往緬甸果敢區首府老街市啟建「千僧安靈法會」，超度多年來於緬北邊境山區因多民族問題引發戰亂而往生的諸多軍民亡靈，期盼為亡者安靈、為生者祈禱，希望藉此為當地帶來和平的種子。

　　除了在國際間不斷奔走呼籲外，心道法師也秉持教育為一切改變的根本，強調佛法傳承對於人心和平具有十分重要的地位，所以除了於各地講堂開設平安禪與阿含期課程外，也積極推動綠禪食課程，期盼將環保與自然和諧共存的理念推廣給更多人，並且在今年首度開設「龍樹生命和平教育課程」，以培育未來的和平種子，為傳承和平做好準備，使靈鷲山的和平理念能永續不絕。

　　心道法師希望透過這些努力，傳承和平薪火。即便現今社會充斥著許多黑暗與混亂，但只要這些薪火、種子不斷絕，我們便有橋梁與媒介，能繼續朝向和平的道路邁進，讓地球與世界能永續發展。

壹月
January

直貢澈贊法王開示大手印
兩位大師共揚愛與和平

↑直貢澈贊法王（右一）三度拜訪心道法師，深厚法緣加被全山法師。

與心道法師有著深厚法誼的直貢澈贊法王，第三度造訪靈鷲山無生道場，並為全山的僧眾開示大手印心要。

適逢靈鷲山僧眾甫圓滿冬安居四十九日閉關，心道法師特別請法王為全山僧眾傳授大手印心要。法王開示：「大手印的修行如同天空，是自然、究竟的，無法想像、表達，只能在修行中領會。」僧眾領受佛法無不法喜充滿，感恩法王傳法開示並供養迴向。

長年致力於世界和平及環保活動的法王，期許未來各教派間能夠共同合作；心道法師也以未來在緬甸推動連結三乘法教與世界宗教為基地的和平計畫，邀請法王共同轉動世界和平。心道法師表示，「靈鷲山的理念是推動『愛地球、愛和平』，大家都在生命共同的互依裡，所以我們要愛護我們生存的地球，並關懷與引導眾生回到靈性的家。這可以從身口意的心靈環保做起，以正面、積極、樂觀的生活態度，一起讓世界和諧美好。」

國際紙纖維藝術雙年展
探討生命的流轉與再生

　　世界宗教博物館與法國紙纖維藝術協會合作，舉辦「流轉·再生——國際紙纖維藝術雙年展」，除了介紹紙纖維藝術創作理念及媒材、表現手法之外，展覽期間並舉辦藝術家工作坊、親子手作體驗、與藝術家共同創作等活動，帶領群眾進入紙纖維蛻變與轉化的世界。「流轉·再生——國際紙纖維藝術雙年展」已先後於英、法兩國展出，這次與宗博館合作於臺灣展出，是亞洲唯一一場結合自然與環保等多元概念的紙藝術饗宴。

　　法國紙纖維藝術協會負責人也是策展人Jan Fairbairn-Edwards表示，本次展覽共有五十五位藝術家、共七十二件作品展出，皆為藝術家收集自然素材，將簡單的纖維化為各種藝術創作，呈現對大自然的尊崇之情。宗博館館長陳國寧

↓雙年展展出多樣的纖維媒材及不同技法的作品。

表示，宗教教導人們走回生命的源頭，而本次展覽作品中，藝術家有如先知般將廢紙、各種紙纖維及媒材再製、轉化為藝術品的「再生」概念，用紙詮釋出生命的意義；也以各媒材多元共生、環保再生的藝術創作概念，相應宗博館和平與博愛的宗旨。

展覽期間逢臺南發生芮氏規模6.4地震，造成慘重傷亡，感念於此，共同策展人暨藝術家呂嘉萍在宗博館進行名為「羽化」的集體創作藝術行動，在為期十天的駐地創作中，與群眾一同於展場以紙纖維製作117隻蝴蝶，獻給在臺南地震中不幸的罹難者。

↑「羽化」集體創作藝術行動，
以羽化昇華獻給南臺灣震災罹難者。

「流轉・再生——國際紙纖維藝術雙年展」系列活動表

日期	活動名稱
01/10	藝術家零距離工作坊——時間的痕跡 立體纖維創作
01/15	藝術家零距離工作坊——手感紙漿畫 平面纖維創作
02/14、02/21	假日親子工作坊——自然纖維掛飾DIY
03/04 ~ 03/11	「羽化」紙纖維集體創作藝術行動
03/12	「羽化——集體創作藝術行動」作品揭幕茶會

靈鷲山臘八粥
送鄉里迎平安

　　靈鷲山教團每年都會在臘八節前夕，於下院聖山寺舉辦「靈鷲山臘八粥‧送鄉里迎平安」活動，發放臘八粥與地方居民結緣，讓在地居民共用佛粥，祈求來年平安吉祥。

　　今年，工作人員分三路發放臘八粥與貢寮居民結緣：一路前往各里長處，請里長協助派送到各戶家庭；一路前往貢寮區公所、貢寮消防分隊、東北角暨宜蘭海岸國家風景區管理處、中華電信股份有限公司北區分公司基隆營運處貢寮服務中心及臺灣電力公司龍門施工處等，感謝各機關長年對靈鷲山的協助；一路則前往各級學校，包括貢寮國中、貢寮國小、福隆國小、福連國小及豐珠國中，讓老師與學生都能享受暖暖的愛心。

　　新春在即，靈鷲山除了奉上暖暖的愛心粥之外，也廣邀當地居民在新春年節期間回來靈鷲山走春迎福氣，為新的一年結好緣、添好運。

←　暖心增福「呷平安」臘八粥，
　　為貢寮消防分隊帶來好福氣。

儲蓄好緣　廣結善緣
全國委員歲末感恩聯誼

↑心道法師期勉全國護法委員道心堅固，永不退轉。

　　為了感謝靈鷲山護法會委員過去一年的付出，每年歲末護法總會均舉辦全國委員歲末感恩聯誼，感恩委員用願力點亮眾生的善業與善心、帶給大眾幸福與快樂，並恭請心道法師蒞臨，為委員勉勵與開示。

　　今年的歲末感恩聯誼由新北市A區護法會協辦，特別規劃了「祈願樹」活動，由委員寫下祈願的話語掛在祈願樹上，期許在學佛的道路上道心堅固、永不退轉，佛法的傳承路上善緣具足、願力不斷，並祈願人心祥和、佛法興盛。

　　「學佛，就是學習對人生看得開、走得遠、想得通，然後經營人與人之間的善緣。」心道法師如是說，並以今年寫給大眾的春聯「深耕厚德」為例，期許委員把善業與功德做好。心道法師開示：「生命就是一個記憶，儲蓄好的記憶就會有好緣，一旦結了好緣、做了好事，彼此便會留下記憶，所以生命儲蓄最重要的就是要廣結善緣。『諸惡莫作、眾善奉行』，常常結好緣、做好事，就是把握每個時間做好『深耕厚德』。」

轉動愛與和平
心道法師於全國委員新春聯誼開示

↑護法委員點亮內心的善緣，傳承愛與和平的能量。

感恩大家這一年的努力，為教團、為眾生推動這麼好的願力，點亮很多人的善業。今年我們去了尼泊爾地震災區，提供急難救助與醫療，也救助了緬甸水災的受災戶；還有我們的普仁獎獎學金，做得很好，獲得很多的好評。靈鷲山護法會點亮每個人的善心，也點亮每個人的幸福快樂，所以我們要彼此鼓勵，要更積極、精進、要有願力，謹記靈鷲山的願景目標，堅持利益眾生、傳承佛法的使命。

身為佛教徒要做兩件事情，第一個是證得不生不滅的本來面目，證得不生不死的涅槃。涅槃就是回到靈性，靈性是什麼？我們的身體死去之後，靈性去了哪裡？靈性依然是靈性，生老病死的只是身體，是沒辦法控制的。學佛就是學靈性不死，不要跟隨著現象的好好壞壞、長長短短，要守住靈性，讓心回到靈性。怎麼做？要禪修，透過禪修慢慢就會搞清楚靈性是什麼，慢慢就可以切割生死、煩惱，回到靈性。

成為心道法師的徒弟，就是要做了生脫死的事情。跟著師父，一定要知道師父的功夫在哪裡，禪就是師父的功夫，所以不管老老少少都要坐禪，了脫生死、斷除煩惱、得到涅槃。

佛教徒的第二個工作就是發菩提心、發願成佛。發願成佛要長長遠遠下去做，不要說「我老了」，就不做了。新春過年期間，要反省「今天跟師父學習，有沒有學習到菩提心？有沒有學習到傳承佛法、利益眾生，諸惡莫作、眾善奉行？」

靈鷲山是信仰中心，我們把佛法帶給我們的會員們，帶他們上山，讓他們認識佛法、認識靈鷲山，慢慢地，他們會對佛法產生信仰，對靈鷲山也會產生向心力。有些人，我們跟他講半天，他還是無法領會，不如把他們帶來山上或博物館，看看風景、看看博物館，讓他們知道靈鷲山在做些什麼。過年放假好幾天，帶信眾回山是最好的，帶他們回來繞繞，就會產生向心力，這是一個很好的方法，讓大家比較好接引新緣。

靈鷲山的佛法事業是國際性的，我們不分國界地去做我們能力範圍內的事，不是給大家壓力，而是給大家機會結善緣。師父出生在緬甸臘戌，當地有一百三十五個民族，我們知道民族多的地方衝突就多；一旦衝突多，窮困就多。但是慈善不分國界，只要是需要我們的地方，我們就去做。師父在臘戌有些名望和地位，所以希望能在臘戌做一個包含慈善、醫療、農業、文化、宗教的弄曼佛教城。

師父對緬甸有一個願力，我們準備收養孤兒，五年內收養一萬名孤兒，讓他們出家傳承佛法。現在這個世界很少人願意出家，所以我們要在像緬甸這樣比較純樸的地方，慢慢地訓練這些小孩子。首先是讓他們不要誤入歧途，然後接受佛法訓練之後，出來就是推動愛跟和平的種子。雖然我們沒有很多的經費，可是我們有信心。所以我們會在弄曼蓋一個從小學到大學教育體系的一個佛教城，大家跟著師父，用平常心繼續努力、繼續去做這個和平的志業。

師父一直在推的都是「愛地球、愛和平」的願力，這是我們從以前就一直做到現在的事，國際上大家也都支持這個理念，成為師父的後盾。但是我們如果自己的佛教沒有做好傳承、沒有團隊的話，我們就沒有那個力量去做。有團隊才能做這些事情，沒有團隊就沒有辦法，所以我們需要團隊、需要傳承。而弄曼就是我們未來啟動連結的一個地方，也是我們轉動愛與和平的地方。

感恩大家這一年對靈鷲山的付出與奉獻，以及對所有眾生的愛，感謝大家，阿彌陀佛。

凝聚善緣　成就心靈寶地
樹林中心落成開光祈福大典

↑心道法師親臨樹林中心主持落成開光祈福大典。

　　積極深耕地方善緣、匯聚信眾發願護持的靈鷲山樹林中心，於二〇一三年即遷至現址，於今講堂工事圓滿，特舉辦「落成開光祈福大典」，並恭請心道法師親臨主法。

　　以「打造心靈和平殿堂」為弘法初衷的樹林中心，透過多場法會、講座活動的連結，多年來已成為樹林人「傳播喜悅、安定心靈」的福田地。當日下午的觀音百供祈福法會上，大眾端身正坐，恭請心道法師升座主法；大眾專注於法本經文中懺悔己過、清淨自心。

　　佛事圓滿，心道法師開示，「靈鷲山的講堂是一個安心辦道、導正觀念的地方，在鄰里之間，我們找到好友夥伴，一起學習佛法、轉動社會善業，讓每個人都是和諧的。當今世間惡業多、善業少，能夠遇到佛法就要精進、學習，跟隨觀音菩薩的道路，學習祂的修行。觀音菩薩的法門是〈大悲咒〉，所以我們要好好持誦〈大悲咒〉，透過〈大悲咒〉凝聚善緣，推動觀音菩薩的慈悲事業。」心道法師並叮嚀中心的委員志工，謹守「一愛、二行、三好、四給、五德、六度」的規範，以「愛地球」的心，落實「慈悲與禪」的具體行動，時常給人「信心、方便、歡喜、希望」，讓樹林中心成為一個提供社會大眾安心的避風港。

貳月
February

重慶大足石刻特展
文化遺產與文創藝術的雙重體驗

↑大家專注的聆聽導覽，親身感受大足石刻帶來的豐沛力量。

「世界文化遺產——重慶大足石刻」特展於宗博館展出，除了呈現大足石刻藝術、內涵以及大足石刻研究院提供之展品外，在宜蘭冬山河親水公園也同步舉辦「大足石刻彩燈展演活動」，邀請來自四川以彩燈聞名的自貢燈師，將大足山崖上的石刻化作五彩花燈，重現於民眾眼前；新春期間靈鷲山下院聖山寺也展示三尊「蓮花觀音」彩燈，為社會點燈祈福。

素有「北敦煌、南大足」之稱的重慶大足石刻，保存於重慶市大足區內，為自唐宋以來宗教石窟藝術的總稱，與雲岡、龍門石窟齊名，時間跨度從公元九世紀到十三世紀，其雕工精美、題材多樣、內涵豐富而深遠，從宗教到世俗，從天界、人間到地獄，鮮明地反映當時信仰文化與社會生活交融的風貌，集中國佛教、道教、儒家三教造像藝術之精華，為世界八大石窟之一，一九九九年列入聯合國教科文組織世界文化遺產。

↑華燈初上，展示了法教的莊嚴燦爛之美。

宗博館創辦人心道法師於特展開幕時表示，「大足石刻的千年佛像展示，帶給大家不同文化學習的新經驗，在這個文化的大學堂中運用活生生的教化場域，幫助下一代做好傳統文化的傳承，也藉此機會讓大眾能多多接近文化、品嘗文化，進而共同成就一個愛與和平的大家庭。」大足石刻蘊含長遠古老的文化與結合儒釋道的藝術價值，與宗博館多元共生的宗旨相符，此次跨越兩岸的展出期許為大眾帶來文化的多元學習與心靈的和諧呈現。

「世界文化遺產──重慶大足石刻」特展 系列活動表

日期	活動名稱
02/20	大足寶頂山石窟的崖雕特色／中國文化大學史學系教授陳清香
02/27	北宋大中祥符四年（A.D.1011）七寶阿育王塔在臺巡展漣漪／臺北藝術大學名譽教授林保堯
02/28	中國石窟藝術欣賞／鹿野苑藝文學會會長吳文成
03/06 03/19 03/20	修復工作坊／彩繪木質文物與油畫修復師莊竣傑 「修護師的工作」實作：油性貼金─陶瓷器皿口沿金箔貼 「大足石刻千手觀音的保存與修護」實作：裁金刀、裁金墊製作 「東、西方的貼金工藝及實務操作」實作：西方油性貼金磁磚
03/12	大足石刻的保護與修復──千手觀音修復團隊歷經八年的研究過程／玄天上帝研究會首任會長吳永猛
03/12	大足真武大帝與臺灣真武大帝／中國文化遺產研究院副院長詹長法
03/13	大足石刻的保護與修復──千手觀音修復技巧與方法／中國文化遺產研究院副院長詹長法

南臺灣強震
行持善念　轉動正面能量

　　二〇一六年二月六日小年夜凌晨，南臺灣發生強震，臺南地區受創最為嚴重，心道法師聽聞災訊後，即時指示靈鷲山慈善基金會捐助臺南市政府社會局一百萬元，協助當地相關單位進行緊急搜救及災民收容安置；靈鷲山教團同時啟動「線上募經」，邀請大眾虔誠誦念〈大悲咒〉，集結眾人正念心力，為傷者集氣，也為受災家屬打氣。

　　靈鷲山全體法師與信眾皆相當關心受災民眾，於此次震災給予諸多精神與物質上的協助。除了於年節期間在全臺講堂發起集資善款以及為受災戶啟建祈福法會之外，位置正處重災區的靈鷲山臺南分院並於臺南市立殯儀館及「0206臺南震災罹難者聯合奠祭暨追思會」中，為受難者誦

↑臺南分院一行前往殯儀館為震災受難者祈福。

經祈福；靈鷲山榮譽董事聯誼會於大年初七的臺南區榮譽董事聯誼會成立大會中，特別舉行震災供燈祈福。

　　心道法師開示：「在這次的臺南地震裡，我們感受到痛失至親、生離死別的痛苦，感受到國土危脆、世間無常，也體會到了社會的溫暖。遇災難時，彼此都要靠患難與共的行善正能量來共同扶助、承擔與化解。善業循環要靠每一個人的努力，心存大愛隨時隨地耕耘良善，社會才會有無盡的正能量。」

深耕厚德
迎新祈福結好緣

　　「春遊靈鷲山‧諸佛護佑富貴來」，靈鷲山新春祈福活動自二月八日至十四日展開，全臺各地民眾來山領受諸佛菩薩護佑，新春活動包括心道法師開示加持、新春團拜迎財神、金剛乘財神法會、供燈禮佛、聖物加持、《妙法蓮華經》共修等；此外，聖山寺今年配合宗博館展出世界文化遺產——重慶大足石刻，特別迎來三尊大型蓮花觀音彩燈，祈以觀音菩薩的慈悲願力，為每位來山大眾祈求平安與福祉。

　　新春團拜是所有信眾最為期待的時刻，能夠親自領受上師的祝福，為來年迎接喜氣添富貴。「新的一年，大家要止惡行善。多做好事，善業自然聚集；多念功課，善業根基自然穩固。」心道法師進一步叮囑，「我們在生命道路上所能做的最好的事情就是行善業，做好善業就擁有了正能量，有了正能量便擁有許多的善緣，所以我們對於每個念頭都要注意，要能夠清淨地顯現善的關懷與慈悲的志業。」心道法師也以二〇一六年新春墨寶「深耕厚德」祝福大眾，祈願每個人都能深植福田、德行光明，獲得覺醒智慧、清淨無礙的生活。

↓師徒團員喜相逢，接福添貴迎新年。

梵諦岡樞機主教訪心道法師
以金鑰廣大心量　共啟愛與和平

梵諦岡天主教廷為二〇一七年九月於臺灣舉行六年一次的天主教與佛教對談會議先行準備，特別派遣樞機主教Bishop Thomas Manwel Dabre、Indunil Janakaratne Kodithuwakku Kankanamalage神父、教廷駐華大使館參事Sladan Cosic高德隆蒙席、天主教會臺灣地區主教團宗教交談與合作委員會執行秘書鮑霖神父等人前來靈鷲山拜會心道法師。

樞機主教特別帶來教廷的禮物——象徵天主教最高敬意的「聖保祿金鑰」；心道法師回贈一尊象徵開心的彌勒佛，並妙喻彌勒佛的大肚子代表心量，當聖保祿金鑰遇到開心彌勒佛，因緣際會象徵宗教間彼此打開廣大的心量，做最好的交流。

心道法師強調：「因為地球生態與人類是多元共生、相依相存的生命共同體，我們應該要保護地球、愛惜地球。各宗教應該擔負起使命，把愛與和平的訊息傳遞出去，一起保護我們共同生存的地球家，各宗教一起做愛地球、愛和平的事，繼續努力推動讓這個世界能夠更好。」

↓宗教間的相互交流合作，讓世界更和諧。

世界禪修大會
跨國界禪修　讓心回家

↑禪修無國界！在心道法師的引導下，學員跨越語言隔閡，萌發清淨的覺悟種子。

　　心道法師受韓國首爾參佛禪院院長覺山法師邀請，於韓國江原道舉辦的「第三屆世界禪修大會」中，與其他三位禪修大師——泰國禪修大師阿贊間夏（Ajahn Ganhah）、西澳洲覺智寺住持阿姜布拉姆（Ajahn Brahm），及韓國忠州釋宗寺禪院院長慧國法師，一起帶領上千名禪修人士進行禪修體驗，領略不同法門為身心靈帶來的喜悅與成長。

　　心道法師以佛陀與迦葉「拈花微笑」的公案開場，「其實每個人都有正法眼藏，只是被無明覆蓋了，經過佛陀的引導，才能知道自己的心就是涅槃妙心，無形無相、不生不滅。」隨後帶領學員逐步體驗「平安禪」四步驟：從深呼吸開始，接著淨心觀照，漸次進入出入息的覺知，到無聲之聲的聆聽。每個

學員在次第的學習中，領受讓心回家的安定。七十位來自靈鷲山全球各地信眾所組成的禪修朝聖團，也在大會中為大眾示範行禪，在腳的慢慢「提起」、「往前」、「放下」過程中，覺知心的專注。心道法師開示：「現代社會資訊太多，每個人大多都不明白生命的價值觀是什麼，所以會盲目，不知生命該何去何從。而禪修就是回家的路，讓我們的心回家。」

另外，禪修朝聖團也在心道法師的帶領下，特別參訪「韓國三大寺」中的「佛寶」通度寺、「法寶」海印寺，頂禮佛頂舍利，並拜會心道法師多年法友殊眼禪師。朝聖期間，心道法師為團員開示，「朝聖時要秉持虔誠的心面對佛法僧，生生世世就會有學佛的善緣，因為朝聖就是消災改業、增福增慧的最好機會。」此次赴韓之行，朝聖團員除了領受千年古寺的洗禮，體驗韓國傳統曹溪宗的寺院生活，更透過禪修大會的學習，讓自己對禪修法門的學習上有更深刻的覺受與體會。

↓上千位來自全球各地的禪修愛好者，虔心學習心道法師獨到的禪法與體悟。

參月
March

跨宗教新春祈福會
以宗教和平的力量守護世界

　　由世界宗教博物館發起，與中華民國宗教建設研究會、中華民國宗教與和平協進會、中華民國宗教徒協會聯合主辦的「世界宗教新春和平祈福會」，是每年宗教界的盛事，邀請各宗教代表齊聚一堂，共同祈禱、點燈祈福，一同發願守護世界，讓地球平安無災。

　　參加祈福會的宗教包括：基督宗教、伊斯蘭教、佛教、道教、一貫道、天帝教、天道總會、天德教、印度教、巴哈伊教等十四位宗教代表，分別以不同的宗教語言，獻上最真摯的祈禱與祝福。

　　宗博館創辦人心道法師致詞時表示，「非常感謝大家每年此時來到宗博館，把宗教界愛與和平的力量，相互連結和凝聚。每個宗教都是使者，讓我們把這份愛推廣出去。世間無常，國土危脆，過年前發生的臺南大地震，以及國際間的難民潮、地球暖化，面對種種的無常與災難，讓我們藉由祈禱、祝福、發願、迴向，以願轉業，轉化各種劫難，一同守護地球，讓地球祥和無災，人人幸福平安。」

　　最後，所有宗教代表與貴賓手持心燈，與心道法師一起念誦祈禱文，跨越宗教、種族、語言及文化的藩籬，透過祈禱、祝福、共誦和平宣言等宗教祈福儀式，連結彼此愛與和平的願力，轉衝突為對話、化暴戾為祥和。

↑ 各界貴賓齊聚一堂，為守護世界祈福。

第六屆普仁獎頒獎
推動善業　傳揚美德

↑德智兼備的普仁獎學子們，獻給心道法師滿懷的敬意與感謝。

　　靈鷲山第六屆全國普仁獎頒獎典禮於新北市貢寮區福容大飯店舉行，共有四十三位學子獲得表揚。主辦單位特別於頒獎前一天邀請得獎學生前來靈鷲山參訪，心道法師親自導覽並與學子分享幼時面對戰爭無情的境遇，因而成就現今為了世界和平以及環保愛地球的願力志業。

　　受獎當日，心道法師、副總統吳敦義、新北市政府民政局副局長黃碧玉、靈鷲山護法總會副總會長何語、靈鷲山慈善基金會執行長蔡高忠等多位貴賓均出席頒獎，為得獎的普仁小太陽喝采。得獎小朋友依正面、積極、樂觀、愛心、願力等五德分組上臺受獎，現場並播放得獎代表的生命故事，呈現他們勇敢面對困難的一面。心道法師也以自己的故事鼓勵孩子，命運掌握在自己的手裡，一定要有志氣，肯定自己、堅強自己，人生定能走向正確的道路。

普仁獎頒獎典禮不只表揚品德傑出的小太陽，也頒發最佳家訪志工獎，感謝這群默默付出、無私奉獻的家訪志工，透過他們逐一拜訪每個個案，嚴謹觀察小朋友在家庭和學校的表現，才能遴選出品德美好的典範。

全國普仁獎地區頒獎活動時間表

地區	日期	地點
基隆	2015 12/26	長榮桂冠酒店
臺北	1/17	臺北講堂
新北市A		
新北市B	1/9	新莊輔仁大學
新北市C		
桃園	1/17	桃園講堂
新竹	1/10	竹北體育館
臺中	1/10	臺中市政府
嘉義	1/17	嘉義中油訓練所
臺南	1/10	香格里拉臺南遠東國際大飯店
高屏	1/30	龍華國中
宜蘭	1/17	蘭陽講堂
花蓮	1/23	教育廣播電臺
臺東	1/31	臺東社福館
澎湖	2015 12/18	馬公國小
連江	1/19	連江縣議會
金門	1/20	中正國小

普仁的孩子堅強有志氣，家訪志工無私奉獻、溫暖陪伴。

水陸五場先修法會
謙卑禮懺 滌淨身心障礙

↑禮請心道法師於聖山寺金佛園區主法，水陸先修法會「大悲觀音度亡圓滿施食法會」。

　　每一年，靈鷲山在正式啟建水陸法會前，必先圓滿五場水陸先修法會，希望藉由先修法會之功德，讓功德主全年謙卑禮懺，滌淨身心障礙，迴向亡者超脫惡道眾苦，生者順心如意。

　　每年五場先修法會，靈鷲山啟建不同經典、懺法共修，祈願水陸法會圓滿順利，眾人具足福慧資糧。二〇一六年度的第三場水陸先修法會為「大悲觀音度亡圓滿施食法會」，禮請心道法師於聖山寺金佛園區主法，也是今年唯一一場由心道法師主法的先修法會。

　　「大悲觀音度亡圓滿施食法會」分為早上的薈供與下午的度亡。薈供是快速積聚福慧資糧的殊勝修法，主要是陳設豐富的供品，上供諸佛菩薩，下施六

道眾生，祈請以供養的功德懺除業障、累積資糧。度亡法會則是藉由主法上師的功德及觀想力，關閉亡者墮入六道輪迴之門，引導亡者往生極樂淨土。

　　法會圓滿後，心道法師為信眾開示：「大家要用觀音菩薩的法門、儀軌來超度，讓我們所有的冤親債主、亡靈都能夠得到觀音菩薩加持，生生世世與觀音菩薩相應。」心道法師常常講，學佛的志業就是善業，就是發菩提心、願成佛、度眾生，生生世世跟著佛陀走。當我們學好因果，給人方便、給人歡喜、給人信心、給人希望，我們就會生善業了。

水陸先修法會時間表

日期	活動名稱	地點
2015 10/18	大悲觀音祈福暨瑜伽焰口法會	新北市三重綜合體育場
2015 12/13	普賢行願品暨瑜伽焰口法會	聖山寺金佛園區
03/06	大悲觀音度亡圓滿施食法會	聖山寺金佛園區
06/12	孔雀明王經暨五大士焰口法會	新北市立新北高工
06/19	大悲觀音普門品暨度亡法會	聖山寺金佛園區

二〇一六年世界文化節
以藝術融入生活 共享愛與和平

↑兩位心靈大師攜手共創愛與和平。

心道法師以世界宗教博物館創辦人暨唯一受邀的宗教大師身分,出席由印度知名靈性導師古儒吉大師(Guruji, Sri Sri Ravi Shankar)所創辦的「生活的藝術基金會」(AOLF),於印度新德里舉辦的「世界文化節」,並代表致詞。

三月十二日晚間,心道法師於活動現場宣揚其多年和平交流的經驗,並與大眾一同心靈共修。「愛與和平,是我們共同的語言;多元共生,是我們永恆的承諾。」心道法師呼籲,「全球共同以愛與和平關懷地球,以創造多元共生的和平祈願,讓愛與和平遍滿一切,讓生命和諧、世界和平、地球平安。」

心道法師於「世界文化節」親自送給古儒吉大師一幅「聆聽無聲」墨寶,並表示:「靈鷲山與生活的藝術基金會是一起推動世界和平的夥伴,只要投入且有信心,推動愛與和平就會成功。三十多年來,古儒吉大師致力於愛與和平、世界一家的推廣,二〇一六年的世界文化節更將這樣的理念推至高峰。祝福古儒吉大師健康保重,後面還有很多重要的事要做,希望一直延伸到全世界,這是一場Holy Peace。」

古儒吉大師積極解決社會的貧窮問題,走向生活藝術的展現;心道法師則提倡心靈淨化,將生活禪落實在日常生活中。兩位大師不遺餘力,推廣美好生命與世界和平的志業,在和平之路上攜手同行,盡其所能,呈現對世界的關懷與奉獻。

緬懷先祖　回饋鄰里
基隆清明懷恩大法會

↑連續舉辦十七年的清明懷恩大法會，多年來深獲地方各界人士的支持。

　　靈鷲山基隆講堂連續十七年於清明前夕啟建清明懷恩大法會，以及舉辦敬老關懷活動，祈以法會功德護佑人民、地方吉祥，並發揚傳統孝道精神。此外，今年於法會現場設有「百萬心經奉觀音」抄經祈福區及白米贊普區，讓基隆鄉親透過抄經持誦、贊普布施，為家人增福添慧、一切滿願。

　　法會圓滿，基隆講堂執事妙實法師開示，「十七年，正如一個孩子的成長，我們的法會秉持心道法師的悲願，為了幫助六道眾生離苦得樂，多年前，一個『要如何幫助基隆？』的念頭興起，在區會幹部與臺灣海洋大學航運管理學系陳基國教授的共同努力下，清明懷恩法會年年舉辦，累積了許許多多感應故事，印證了這是一場眾生需要的公益法會。」妙實法師感恩所有志工的付出及功德主的護持，使今年得以擴大增辦五大士焰口法會，「歡迎大眾年年前來共修，以清淨無雜染的心持誦《地藏經》，為累世父母積福德，明白因果、懺悔消業。」

肆月
April

心道法師親赴中台禪寺
祈願 上惟下覺老和尚乘願再來

↑ 2002 年心道法師率領四眾弟子至中台禪寺朝禮佛指舍利，並拜會惟覺老和尚。

正在主持春安居禪關的心道法師，四月九日清晨得知中台禪寺開山方丈上惟下覺老和尚示寂，立即親赴中台山悼祭。靈鷲山全山四眾弟子、全體善信護法聞訊慟心，無不自動自發幫老和尚點燈誦經。

心道法師感嘆：「我們在同一時代推動臺灣社會佛教興盛繁榮，老和尚的示寂，讓我們不捨失去這位安定社會的覺者、世界佛教的推動者，以及實修實證的禪行者。」

靈鷲山法師也在心道法師指示下，於十四日率護法會五百人，前往中台禪寺悼祭，追思惟覺老和尚一生行道，推動正法久住、佛法常住，並祈願老和尚乘願再來、度化眾生。

↓ 靈鷲山護法前往中台禪寺悼念惟覺長老，祈願老和尚乘願再來。

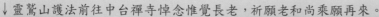

天堂之美在人間
東正教當代蛋彩聖像畫特展

↑希臘雅典大學神學院助理教授 George Kordis 引導大家從繪畫中認識拜占庭藝術風格。

世界宗教博物館首度與臺灣基督東正教會聯合舉辦「天堂之美在人間——東正教當代蛋彩聖畫像」特展，為了讓大眾了解東正教的藝術表現與宗教歷史，以及增進多元文化與國際視野，宗博館特別邀請到希臘雅典大學神學院助理教授George Kordis現場創作，並指導製作精采絕倫且難得一見的蛋彩聖像畫特展。

展覽一共分為四個子題，分別是「療癒之美，天上來」、「構圖與技法」、「一沙一世界」、「傳承與創新」。

聖像畫不只是畫師的作品，更是觀畫者與聖像畫的心靈交流。藉此，宗博館期待能為國內文化資產保存領域累積不同的藝術視野、文化知識、以及正面思考的能量，以豐富國人的視野以及心靈。

「天堂之美在人間——東正教當代蛋彩聖畫像」特展系列活動表

日期	活動名稱
免費講座	
04/10	聖像畫創作實境——重現蛋彩繪畫技法 George Kordis（希臘雅典大學教授）
04/30	聖像畫的圖像語言與宗教意義： 探索畫中的線條及色彩含意 于涓（亞洲第一位前往希臘古教堂作畫的聖像畫家）
05/29	拜占庭藝術與療癒 李亮（臺灣基督正教會神父）； 貝克定（國立東華大學歷史學系暨研究所副教授）
06/05	東正教信仰與生活 李亮（臺灣基督正教會神父）； 貝克定（國立東華大學歷史學系暨研究所副教授）
手作課程	
05/01	東正教復活節彩蛋的故事 林明芬（手作認證師資）
06/12	拜占庭風格套色版畫 岩筆模MBmore（臺灣版畫藝術綜合平臺）

George Kordis 先生現場創作的「五餅二魚」九公尺聖經畫作。

新北泰國潑水節
富貴金佛來加持

↑ 泰籍移工浴佛，祈願富貴金佛護佑平安富貴。

　　靈鷲山受邀參與新北市政府假新北市民廣場主辦的「第六屆泰國藤球友誼賽暨潑水節」，並恭迎富貴金佛至活動現場供民眾浴佛禮讚。心道法師感念泰籍勞工朋友遠離家鄉來臺打拼，特讓富貴金佛至新北市潑水節現場，供泰國朋友與民眾頂禮供養，讓他們的心靈上獲得慰藉。

　　一年一度的泰國潑水節是所有泰國朋友最為期待與感動的一刻，而富貴金佛的參與，讓泰國朋友得以略解思鄉之愁。靈鷲山祈以金佛的無上功德力，為境內所有泰籍勞工與新住民護佑加持，帶來一整年的富貴平安。

　　這天，大批的泰國朋友們懷著愉悅的心情，穿著色彩鮮艷的傳統服飾前來參加這場年度盛會，對於這尊來自家鄉的富貴金佛備感親切，每個人來到壇城前，無不整肅儀容、誠心默禱，以最虔敬的心頂禮浴佛。

靈山普陀深因緣 兩岸觀音一線牽
舟山市政協一行拜會心道法師

　　中國浙江省舟山市政協副主席陳松菊一行九人參訪靈鷲山，心道法師特別帶領眾人體驗九分禪，聆聽寂靜，體會「無聲勝有聲」的禪境。

　　當日上午，舟山市參訪團首先抵達靈鷲山聖山寺，一同供香禮拜金佛殿三尊金佛，祈願兩岸人民安定繁榮，並且迴向給全世界的每一個角落，願無災無難，二六時中一切吉祥。

　　之後，參訪團驅車轉往靈鷲山無生道場巡禮各殿堂。其中，尚在修復的華藏海圓通殿，日後將以禪修閉關為主，奉安的毗盧觀音即是來自舟山市普陀山普濟寺。

　　心道法師特別感恩靈鷲山與普陀山這份慈悲遍滿的法緣，除致贈「深耕厚德」墨寶，並邀約大家日後組團來靈鷲山禪修，讓忙碌的身心靈安定下來。

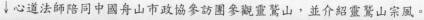
↓心道法師陪同中國舟山市政協參訪團參觀靈鷲山，並介紹靈鷲山宗風。

簽署「跨宗教氣候變遷聲明」
靈鷲山呼籲關心地球暖化問題

↑紐約道場監院廣果法師代表出席簽署「跨宗教氣候變遷聲明」，共同支持對抗地球暖化。

世界宗教博物館創辦人以及「愛與和平地球家（GFLP）」創辦人心道法師受邀參與聯合國「跨宗教氣候變遷聲明」簽署呈遞活動，正在主持靈鷲山春安居四十九日閉關的心道法師指派紐約道場監院廣果法師代表出席。

為了迎接四月二十二日「世界地球日」（又稱「地球環保日」）的來臨，聯合國總部大樓於當日舉行巴黎協定簽名儀式，宗教界特別發起「跨宗教氣候變遷聲明」簽署呈遞活動，並邀請心道法師派員參加，共同支持對抗地球暖化，同聲呼籲各國元首共同簽訂「巴黎協定」。

此活動由「綠色信仰」（Green Faith）所發起並推動，邀請世界各宗教團

體與個人連署「跨宗教氣候變遷聲明」，獲得超過五千人連署。十八日上午於聯合國總部大樓的聯合國教會中心舉行，心道法師委由靈鷲山紐約道場監院廣果法師代表出席，表達支持環保愛地球的信念。聯合國方面由大會主席H. E. Mr. Mogens Lykketoft出席接受此聲明。

連署聲明一致贊同巴黎協定將會讓世界轉向一個「低碳、氣候恢復、世界經濟復甦」新的方向，正與心道法師「愛地球、愛和平」的願景目標相符，祈願全世界一起守護我們的地球。

跨宗教氣候變遷聲明主要內容	
1	要求政府盡速簽名同意並落實巴黎協定。 （巴黎協定是由聯合國氣候變化綱要公約所擬定之2020年以後的氣候行動）
2	提升各國排放氣體減量的決心，同時達到全球氣溫升溫不超過攝氏1.5度的目標。
3	致力於減少氣體排放量，控制氣溫上升在攝氏1.5度內。
4	改善受氣候變遷影響的災民之資金援助不均的狀況。
5	主張礦物燃料時代的結束，在2050年能100%轉型成再生能源。
6	讓各個信仰團體在其所屬的生活空間呼籲並支持減量排放氣體。
7	呼籲清空骯髒能源，響應支持再生能源。

大悲閉關21
悲心轉念 地球平安

↑大悲閉關21精進共修，閉關者一同持誦〈大悲咒〉，迴向地球平安和諧。

　　靈鷲山開山大和尚心道法師有感於世界各地災難頻傳，人心諸多不安，需要靠強大慈悲善念轉化，自二〇一二年便發起「百萬大悲咒21日願力閉關」。每年閉關期間持誦〈大悲咒〉總數皆達百萬遍以上，以此功德迴向地球平安、人心和諧。今年度的「大悲閉關21」，自四月三十日至五月二十一日在靈鷲山無生道場舉行，閉關學員受持八關齋戒、過午不食，以最清淨的身口意展開大悲閉關關期。

　　〈大悲咒〉是讓我們發大悲心，去除眾生的痛苦，得到快樂的一個咒語。心道法師說：「經常誦持〈大悲咒〉能讓人產生悲心和愛心，具有很大的磁場，就像一把鑰匙開啟了人們的大悲心。〈大悲咒〉還可以解決很多生活上的問題，滿足人們的願望，當遭遇到危險恐怖時也可以念〈大悲咒〉逢凶化吉。」

大悲閉關期間，加拿大發生森林大火，心道法師指示迴向此次災難，祈願大眾能同體大悲，共同守護地球平安。五月二十二日，靈鷲山啟建「大悲閉關圓滿祈福法會」，四眾弟子持咒經行巡禮靈鷲山，之後進行「佛前大供」，並將閉關二十一天的功德總迴向地球平安、和諧；甫出關的心道法師蒞臨現場為大眾開示：「持〈大悲咒〉的好處太多了，從持咒中可以調伏自己、開智慧，智慧開了，煩惱就沒了，就會產生清淨解脫的生命。」

每年的「大悲閉關21」都歡迎大眾來山隨喜共修，共同持誦〈大悲咒〉，為地球平安、世界和平貢獻一份心力。

↓閉關學員受持八關齋戒，過午不食，以清淨的身口意展開大悲閉關關期。

伍月
May

臺南分院梁皇法會善護在地
涓滴愛心饋鄉親 入法起懺感母恩

↑信眾齊聚禮拜《梁皇寶懺》，祈求闔家平安。

自二〇一二年起，靈鷲山臺南分院於每年五月啟建護國梁皇寶懺大法會，結合母親節祈福、白米捐贈等活動，提供民眾一個誦經禮懺、祈福布施的機會。今年五月四日至八日一連五天，臺南分院啟建梁皇寶懺大法會，吸引許多臺南鄉親前往拜懺，不少母親帶著孩子一同參加，祈求諸佛菩薩庇佑闔家。

靈鷲山首座了意法師及當家常存法師受邀蒞臨現場為大眾開示，其中了意法師開示時提到，「慚愧、懺悔、精進此三種善根，是了脫生死煩惱的基本條件。要時常懺悔，把心打掃乾淨，才能容納更多的福德智慧。」提醒我們應當隨時懺悔過去，以無分別心待人接物，維持心念純良、積極行善止惡。常存法師以智者大師的十種懺法為大眾開示，叮嚀大眾，每個眾生皆是我們累世父母，都該以感恩的心回報。

↑臺南分院每年五月啟建梁皇寶懺，功德主恭敬拜懺懺悔，祈求諸佛菩薩庇佑闔家。

為感謝靈鷲山長年對在地民眾的關懷，臺南市副市長顏純左、以及多位臺南市議員親臨現場，透過簡單的捻香動作，為臺南人的平安深深祝禱。施與受之間，是慈心善念的循環，臺南分院往後將持續善護在地，透過宗教信仰，帶給人民穩定的力量。

聖山寺金佛園區
佛腳抱抱暨浴佛孝親報恩

↑ 虔心灌沐諸如來，願身心離垢除染，具足慈悲與禪。

靈鷲山於下院聖山寺舉辦「浴佛孝親報恩暨佛腳抱抱」活動。農曆四月初八是佛陀聖誕日，也稱為「浴佛節」，為因應母親節、浴佛節、考生考季時間點來臨，靈鷲山特別規劃此一讓大眾能與佛結緣、祈福的活動。

「浴佛孝親報恩暨佛腳抱抱」活動分為兩階段，第一階段的「浴佛報母恩」活動時間是五月六日至十五日，參與者以康乃馨禮佛後，結合祝願小卡，在卡片裡寫下祝福母親的話語，放置於壇城上接受金佛加持。祈福過後，再將鮮花帶回獻給母親。

第二階段「考生佛腳抱抱」，活動日期為五月十六日至六月底。前來祈福的考生們敲響聖山寺智慧鐘，讓自己釋放壓力獲得寧靜；然後進入金佛殿內點燃智慧燈，頂禮金佛以及佛足印，祈求應試順利、心想事成。

每年的浴佛節是佛教徒重要的日子，靈鷲山各講堂也都陸續舉辦浴佛報親恩活動，以甘露法水潔淨心靈，頂禮佛足為母親祈福，把佛陀慈悲精神落實在行動上，讓每個人都具足慈悲心以淨化社會，正是浴佛的真正意義。

燈燈相續結緣萬佛
蘭陽講堂萬佛燈會

靈鷲山蘭陽講堂啟建第十屆萬佛燈會，除了為佛祝禱，也為母親點一盞孝心燈，願天下媽媽都能得到萬佛護佑，身心健康、平安吉祥。「點一盞燈、結萬佛緣」。蘭陽講堂連續十年舉辦萬佛燈會，在一萬盞燈上寫著一萬個佛的名字，以此供養諸佛菩薩。

五月八日適逢母親節，七日特別舉行「抄心經報親恩」活動以發揚孝道精神，法會現場敬設浴佛區、祈福卡區、孝心燈區、八相成道學習區，祈願萬佛加被，國泰民安、社會祥和。

護法會東區執行長陳松根師兄說：「啟燈五千盞，隔天換燈就是一萬盞，每一萬盞燈都有佛名，稱念佛名、生生世世都在佛的世界，與萬佛結緣的功德無量大。」

下午時分，大眾攝心共修〈禮佛大懺悔文〉，在萬佛面前求懺悔，殊勝法音繚繞整個蘭陽講堂。〈禮佛大懺悔文〉共修後進行浴佛儀式，在灌沐佛身的同時，也淨化自己的身心。

←信眾在蘭陽講堂萬佛燈會中，點一盞燈、結萬佛緣。

暢談宗教和平
以色列代表來山拜訪心道法師

　　駐臺北以色列經濟文化辦事處代表游亞旭先生（Asher Yarden），來山拜會心道法師。心道法師邀請代表加入生命和平大學的行列，為地球和人類的永續生存共盡心力。

　　游亞旭代表來臺灣就任僅十個月，已參觀世界宗教博物館兩次。代表感動於世界宗教博物館提倡的宗教和諧理念，每次參觀都深入感受心道法師創辦宗博館的用心，起心欲親自拜訪這位具有獨到遠見的佛教大師。

　　此次來山拜會，代表讚歎心道法師具有如此弘觀的理念，更將理念具體呈現，而有了宗博館這份驕傲。代表也對於自己的信仰在宗博館裡能夠讓世人容易接觸，再次感謝心道法師的用心。

　　心道法師說，當年為了成立宗博館，前往美國所參訪的寬容博物館，便是為了紀念二次大戰中被屠殺的猶太人；而宗博館的理念與思想能夠完成也要感謝前哈佛大學世界宗教研究中心主任蘇利文教授（Dr. Lawrence E. Sullivan），而教授正是猶太教徒，這種種的因緣連結也說明了宗教千年同源的緣份延續至今。

←心道法師親自接待以色列駐臺北經濟文化辦事處游亞旭代表（右二）。

萬縷千絲 定於一心
雀金繡宗教藝術展

　　為展現織繡工藝與宗教文化的結合，世界宗教博物館與中國非物質文化遺產雀金繡技藝傳人、洛陽雀金繡研究院院長王麗敏女士合作，舉辦「萬縷千絲・定於一心」雀金繡工藝展，將精緻繁華的織品刺繡呈現予臺灣民眾眼前，在理解中國傳統工藝繡法的同時，對織品媒材及創作議題有更寬闊的認識。

　　雀金繡係使用材料以孔雀羽翎和黃金絲線而得名。在古代，對內是獻予皇家御用的貢品；對外是禮遇邦交之國禮，後續隨著絲綢之路及京杭大運河向外傳播開來，屬於中國織繡文化遺產中的一環。

　　本次展覽精選三十六件，每件作品費時一至三年，除了讓觀眾親臨觀賞真品，理解中國傳統雀金繡工藝繡法同時，對織品媒材製作及主題內容有深入的介紹並辦理多場講座，使大眾有更寬闊的認識，有利刺繡工藝的文創產業推廣。

↓「萬縷千絲・定於一心」，雀金繡特展展現出佛畫的莊嚴與富麗。

「在布上作畫──雀金繡宗教藝術展」教育活動

日期	活動名稱
免費講座	
06/11	亂針刺繡藝術──示範體驗講座 分享人：中華民國亂針繪繡協會 任月明及師資群
06/26	織繡密碼──原住民織紋中價值觀的顯現 分享人：輔仁大學織品服裝學系副教授 蔡玉珊
07/16	織品的保存與維護 分享人：臺南藝術大學博物館學暨古物維護研究所副教授 林春美
07/31	東、西方的刺繡 分享人：粘刺繡博物館負責人、藝術創作者 粘碧華
手作課程	
07/24	十字繡教室 分享人：YY十字繡工作室 謝良玉

心道法師歐洲弘法行
歐洲傳禪法 宗教對談無國界

↑心道法師於德國 Neumühle 禪修中心傳授平安禪，希望學員找到純淨的靈性，與眾生同體大悲。

　　繼二〇一一年第一次踏上歐陸德國傳法之後，心道法師今年第四度受到慕尼黑大學宗教系Michael von Brück教授的邀請，前往德國傳授寂靜修禪法。

　　心道法師此次歐洲弘法行程，分別在德國Neumühle禪修中心、本篤禪修中心（Meditionshaus Benediktushof），以及奧地利維也納Spriner Schlossl會議中心等處，展開一系列傳授禪修、閉關的活動，行程的最後一天則在維也納阿布杜拉國王跨宗教與跨文化對話國際中心（KAICIID Dialogue Center）發表「愛地球、愛和平」的演說。心道法師此行將釋迦拈花的心法，以中國禪直指人心、見性成佛的啟發形式，印在歐洲禪行者的生活世界中。

　　歐洲的禪行者對於法教的認真與確切，深獲心道法師讚賞；這些來自不同

宗教的行者，禪修已二、三十年，希望找到靈性的生命。心道法師開示：「心性沒有宗派，從禪的修學回到上帝的永生，找到純淨的靈性就能更了解、更信奉上帝，從而了解世間所有的一切，也就能與眾生相依共存、同體大悲。」

禪風吹進歐洲，可追溯至日本臨濟宗、曹洞宗以及幾位藏傳佛教仁波切的推廣，中國禪宗卻遲遲未能展露頭角，經Michael von Brück教授居中牽引，心道法師的寂靜修禪法已從德國開始，在歐洲生根發芽。

日期	心道法師歐洲弘法行程
05/29~06/04	德國Neumühle禪修中心
06/05~06/09	德國Benediktushof禪修中心
06/10~06/12	維也納Spriner Schlossl會議中心
06/13	阿布杜拉國王跨宗教與跨文化對話國際中心（KAICIID Dialogue Center）

↑心道法師於國王中心發表「愛地球、愛和平」演講，分享二十年來致力於跨宗教交流的互動經驗。

陸月
June

互濟共生 促進和平
心道法師維也納阿拉伯國王中心演講

↑心道法師至維也納阿拉伯國王宗教交流中心分享跨宗教交流經驗，希望用愛創造真正的和平。

　　尊敬的帕萃斯教授，尊敬的各位伊斯蘭中心的朋友，大家午安。很高興透過帕萃斯教授的邀請，來到維也納阿拉伯國王宗教交流中心。我在世界各地推動宗教交流，已經有二十年的時間，今天來到這裡分享我們共同的經驗，也希望凝聚共同的願景，用愛創造人類真正的和平。

　　這次我來到歐洲傳授禪修，我的禪修方法是「聆聽寂靜」。經過兩個星期的禪修教授，即使不同宗教的靈修學員，也都體會到「寂靜」是我們每一個人都需要的生命品質，在寂靜中，我們感到彼此是相互連結的生命共同體，這是心靈對話與共鳴的力量。禪修課程當中，我把「愛地球、愛和平」的這個訊息傳遞給大家。地球現在感冒發高燒，脾氣很大，性情很不好，都是我們造成她

身體的不健康、情緒多,所以我們必須要尊重地球、愛地球,她是我們的母親,她讓我們生長,吃用全靠她,如果地球無法存活的話,人類就會滅絕。

現今地球主要有七個大問題——全球暖化、臭氧層的破洞、空氣的污染、水污染、土地沙漠化、森林快速的減少、物種滅絕,這些都與人類過度的消費與貪欲而造成對環境的迫害有關。另外,破壞地球最嚴重的就是人類運用科技發展武器,甚至引發戰爭、爭權奪利,目前全球的核彈加起來已經足以毀滅地球十次以上,這是人類生存的嚴重威脅,一旦人類瞋怒仇懟運用這些武器,對地球將產生急速摧毀的破壞力,地球就來不及自我療癒。根據聯合國統計,全球每一天花費在武器上的經費,就足以消弭全球的饑餓與貧窮,我們應該用協助與分享的方式來解決問題,而不是用戰爭來創造出更多的問題。

科技不應該成為傷害地球的工具,尤其是核彈的試爆,不論在海裡或在沙漠,都會造成地球生態惡化,因此運用科技的人必須覺醒,重視地球的永續之道,研究如何幫助人類能夠有食物吃,有水、有空氣、有很好的陽光,以及與地球有良好的互動,讓天然資源得以好好的養護。

我從禪修與斷食的修行歷程中,體驗到所有生命是相依相存、多元共生的道理,沒有任何的生命體可以獨立存在,人類靈性依靠的宗教,更有更多元的必然性,於是在二〇〇一年創建了世界宗教博物館,二十多年來,長期在世界各地推動「地球一家Global Family、生命共同體」的觀念,促進各宗教摒除己見,攜手共創「愛與和平地球家」的世界。

我們在世界宗教博物館,展示世界十大宗教的宗教傳統,提供多元的宗教教育,讓大眾體會各宗教的真善美。同時每年不斷地與各宗教領袖、專家、學者共同探討地球永續及世界和平的各種關鍵議題,如貧窮、善治、環保、婦女及兒童等全球共同面臨的問題,希望為人類找出回歸與永續共存的力量。同時,我們在聯合國設立的非政府組織「愛與和平地球家」(GFLP),在世界各地舉辦了十五場的回佛對談,促進各地的佛教團體和伊斯蘭團體一起尋找方法,讓這個世界走向和平、正義、善治與地球永續。每年我們也固定舉辦宗教祈福會,並透過宗教的展示與定期特展,呈現各宗教的文化特色與文化之美,讓人們可以藉由這個平台,感受宗教的豐富多元;並發起宗教聯合賑災的行動,進行災難救援與心靈撫慰的工作。

　　透過不斷地對話、交流與合作，我們相互理解、相互學習。最重要的是，我們都知道：地球只有一個，在這共同的生存空間中，多元文化、多元種族、多元宗教都是相依相存的，大家必須尊重彼此、包容差異，給予彼此空間，共同營造博愛共生的世界。我們希望聯合各宗教朋友，一起為世界良善的循環，承諾一份共同的願力。

　　為了落實與延伸世界宗教博物館的理念，我正在緬甸籌建一個生命和平教育的基地，預計在緬北設立「生命和平大學」，建立完整教育系統，培養具有跨宗教理念的和平種子，並藉由收養孤兒、有機無毒的農業改良、慈善、醫療、教育等具體行動，促進當地多元族群和諧共生，以及建設民族文化宗教館，落實「愛地球、愛和平」這個重要理念。

　　我們只有一個地球，我們要保護地球，如同愛我們的家，從共同的使命出發，用合作發揮集體的共振力量，來推廣四項愛與和平地球家的生命守則。第一個是聆聽，安靜地聆聽，聆聽地球的生命，聆聽生命內在的和平。第二個是對話，在心的安靜中，尊重、包容、博愛一切的生命。第三個是交流，讓愛與慈悲的種子，串聯彼此成為和平的地球家。第四個是合作，體認相依相存的必然，互濟共生，呈現多元和諧的生命共同體。

　　從心靈覺醒的智慧出發，啟發本自具足的無我大愛，培養慈悲的心，關愛一切生命，愛地球、愛和平是宗教唯一的使命。祝願人心向善，地球無災無難，心和平，世界就和平。感恩所有聆聽的敬愛的大眾。

靈鷲山三十三週年慶
玉佛照祥瑞 信眾同護持

　　二〇一六年，靈鷲山佛教教團創設踏入三十三週年，持續在社會的每個角落推動「心和平，世界就和平」的理念。六月十九日在靈鷲山下院聖山寺廣場舉辦系列慶典活動，眾多海內外貴賓蒞臨道賀，一起響應靈鷲山開山大和尚心道法師「愛地球、愛和平」的理念。

　　三十三年前，修持頭陀苦行的心道法師為了精進修行，來到福隆荖蘭山的山洞閉關，隨著信眾日漸增長，創辦靈鷲山佛教教團，二〇〇一年，成立世界宗教博物館。心道法師以「慈悲與禪」為宗風，以禪立宗，以心傳心。

　　三十三週年慶典，一早，一千五百位信眾以朝山的方式展開慶典，慶典包含宗風表揚、善行二十表揚以及青年團各區團授旗等等活動。其中宗風表揚，邀請來自緬甸仰光全國上座部國立佛教巴利大學校長鳩摩羅尊者（Ashin Kumara）為大眾頒獎表揚「宗風行者」，心道法師也表揚圓滿百萬大悲咒「大悲行者」，並授予「法成就功德帶」與獎座。

　　心道法師在開示中勉勵大眾要做到「三好五德」、做好佛法傳承工作，落實禪修、讓心寧靜，推動善的循環，努力共創「愛與和平，地球一家」願景。

靈鷲山志業傳承開展，青年團活力祝福，增添週年慶喜慶熱鬧氣氛。

推動慈悲與禪 地球一家
靈鷲山與宗博獲表揚肯定

↑妙用法師代表靈鷲山慈善基金會接受內政部葉俊榮部長的表揚。

靈鷲山無生道場獲新北市政府二〇一六績優宗教團體社會教化獎；靈鷲山佛教基金會與世界宗教博物館發展基金會，同時獲得內政部頒獎表揚為公益事蹟卓著的宗教團體。

靈鷲山以「慈悲與禪」為宗風，常年舉辦禪修活動，以禪修淨化大眾心靈，身心安定，達到心和平世界就和平的理念。每年推動品德教育優秀學子的普仁獎，讓品德重新成為社會關注的價值。面對國內外災情，發揮慈悲的人道關懷精神，組織醫療團，提供診療服務。

世界宗教博物館發展基金會以及宗博館長期投入生命教育與偏鄉關懷，自二〇一三年起，已進入花蓮、新竹、南投等眾多的偏鄉國小，協助教員之培訓、援給教育素材短缺的問題。世界宗教博物館發展基金會是一座無牆的博物館，透過宗教對話、國際交流；藉由展示、教育、出版等活動，持續戮力於愛與和平的願景。

↑內政部表揚世界宗教博物館，由陳國寧館長領獎並致謝。

生命快樂大學習系列
厚雅人生 送給生命一份好禮

　　靈鷲山般若文教基金會於花蓮勞工育樂中心舉辦「生命快樂大學習系列」講座活動，特別邀請到靈鷲山首座了意法師為大眾主講「送給生命一份好禮：厚雅人生」。了意法師說：「『厚』是內在的穩定扎實，『雅』是外在的美好氛圍。首先要認識生命的真相，人在擁有的同時，也在承擔失去的風險，即使家財萬貫也無法阻止歲月流失，失去一切。」

　　心道法師說：「人最大的富貴來自於捨，有捨才有得，才能善緣具足。」人生除了追求物質上的富足，要如何讓生命過得優雅從容？如何讓心看見更豐厚的視野？人一生追求的，不外是財富、權力、名聲、感情、事業、健康，內心卻是非常空洞不安的。了意法師以「厚雅人生」為主題，透過精采的演說幫大家找答案。學習「厚雅人生」可以培養出生命的內涵，呈現出優雅從容的外相。當無常來臨時，可以安然、篤定、無有恐懼的面對，這就是這堂課要送給大家最好的生命禮物。

↓花蓮「厚雅人生」講座，帶領聽眾認識生命的真相，願眾生一同走向成佛的道路。

印尼弘法行
學習觀音菩薩的修行與願力

↑心道法師勉勵印尼弟子學習觀世音菩薩的慈悲喜捨，讓彼此成為彼此的福氣。

心道法師展開東南亞印尼、新加坡、緬甸、香港等四地弘法行。首站來到印尼，成立於一九九四年的印尼雅加達中心，是靈鷲山海外的第一個弘法據點。自二〇一二年後，心道法師再次踏上印尼弘法。心道法師一到雅加達，即受到當地信眾熱烈的歡迎，紛紛分享學佛的心得，也學習「讓心回家」的禪修，從簡單的一分禪踏進學禪的大門。六月二十六日，心道法師在雅加達南海觀音廟舉辦千手千眼觀音法門的傳授及〈大悲咒〉共修法會。

隔日，心道法師從雅加達前往臺商最多的印尼萬隆，看看多年未見的弟子們，並傳授觀音法門。雖然來回車程花費近十個小時，但是弟子們求法殷切的心，就像觀音菩薩的慈悲願力一樣。

心道法師學佛初始，就是學習觀音菩薩的修行與願力。他告訴印尼弟子們：「持〈大悲咒〉讓我對佛法越

↑心道法師親臨雅加達南海觀音廟，傳授千手千眼觀音法門，並主持〈大悲咒〉共修法會。

來越清楚，對生命越來越有愛心，也發現這個世界的眾生，彼此不同的是想法，但相同的是靈性，眾生都是靈性的生命共同體。」

靈鷲山東南亞宗風研習營
慈悲與禪 遍地開花

靈鷲山第四屆「東南亞宗風研習營」在新加坡舉行，來自中國北京、上海、杭州、鄭州、香港、印尼雅加達、萬隆、馬來西亞吉隆坡、檳城、柔佛，以及新加坡等各國幹部共一百三十多人與會，開啟了難得的善緣。

心道法師特地前來研習營鼓舞大家士氣，對弟子慈悲開示說：「靈鷲山幹部對外是一種風範的展現，所以對我們的『產品』要很清楚，才能把『慈悲與禪』推廣出去。我們希望對人類社會有所貢獻，大家要一起愛地球，讓我們的地球健康，子子孫孫才能活得很好。還要推動『心和平，世界就和平』，把生命的記憶體做好，做到身好、口好、意好，培養記憶體的正能量，就能化解負面能量。也要做好五德，以正面、積極、樂觀、愛心、願力作為生活的態度，其中最重要的是有愛心，愛心能夠滋潤所有生命，只要愛心足夠，人就會快樂。」

「東南亞宗風研習營」集結了東南亞各國幹部菁英，以發菩提心為願力，矢志將靈鷲山「慈悲與禪」的宗風精神發揚到每個角落，讓全世界都充滿愛與和平。

↑東南亞各國幹部菁英以發菩提心為願力，將靈鷲山「慈悲與禪」的宗風精神發揚到每個角落。

陸
月

柒月
July

播下傳承佛法 愛和平的善種子
弄曼大善園寺愛學日

↑緬甸弄曼大善園寺舉辦「臘戌大善園寺愛學日校舍、道路、電力系統功德迴向典禮」，心道法師親臨致詞。

　　靈鷲山於緬甸弄曼大善園寺舉辦「臘戌大善園寺愛學日校舍、道路、電力系統功德迴向典禮」，獲得臘戌當地民眾熱情參與，紛紛以表演祝賀，包括景頗族、栗僳族、果敢族、苗族、傣族等多族人，身著代表性的傳統服飾，展現多元文化特色，讓參與者一起領會不同文化中的美好。另外包括緬甸仰光全國上座部國立佛教巴利大學校長鳩摩羅尊者（Ashin Kumara）、緬甸國防部北部東北部指揮昂丹突將軍（Aung Than Htut）、緬甸東北地區軍事指揮官暨撣邦省長朋面將軍（Phong Myint）、緬甸前副總統賽茂康（Sai Mauk Kham）、緬甸仰光省前行政總書記Khin Maung Tun等貴賓也出席祝賀。

↑靈鷲山弄曼大善園寺沙彌學院將成為推動「愛地球、愛和平」的善種子培育地。

靈鷲山「弄曼佛教城計畫」於二〇一四年開始啟動，心道法師發願在緬甸臘戍弄曼建設一座包含教育、文化、宗教、有機農業、醫療、慈善等多元功能的佛教城。其中，首先啟動的沙彌學院，於今年開始進行招生等籌備工作，並已先於六月廿一日開學。

創辦人心道法師特別前往緬甸主持愛學日典禮，並於致詞時提到：「緬甸開放後，我們必須面對湧入的種種政治、經濟、文化等全球化浪潮，應做好準備來保有我們的優良傳統，並且順應時代需求。所以我希望在這裡興建一所接軌世界的生命和平大學，我們要做一座大學城，從小學、中學到大學，在國家教育方針的基礎上發展它的世界觀。」

心道法師特別感謝一路護持的比丘們、靈鷲山緬甸護法會、大善園寺團隊，以及緬甸中央與地方政府、臘戍地區文化會、同鄉會、教育界，以及各民族族人。和平是世間共同的祈願，此願在人際與社會群體裡，也長存於民族、宗教與國家之中。

心道法師發願於緬甸臘戍弄曼，
建設一所接軌世界的生命和平大學。

靈鷲山兒童快樂學佛營
透過佛法學習愛與專注力

靈鷲山分別在新北市分院與臺南分院舉辦兩天一夜的「兒童快樂學佛營」，在靈鷲山國際青年團的精心策劃下，展現出多元豐富的活動，讓來參加的小朋友留下暑假期間難忘的快樂回憶。

↑新北市分院舉辦靈鷲山兒童快樂學佛營，讓孩子們透過佛法學習愛與專注力。

靈鷲山兒童快樂學佛營帶領小朋友先認識佛門行儀，透過學習佛法和精心設計的創意課程，學習愛和專注力。透過生動的教學，小朋友體會到做好事、說好話的重要性。也跟著法師一起到壇城前面，把過去做過不好的事情跟菩薩頂禮懺悔，小小善心從此時此刻升起。

心寧靜教師團的老師帶領小朋友體驗一分鐘禪的寧靜，讓活潑好動的小朋友，經由心道法師的「寧靜一分鐘」口訣，慢慢安住了心，個個安靜聆聽老師的講解，從中學習到寧靜的奧妙。

↓參加「跟著悉達多來尋寶」活動的小朋友們，在臺南分院的兒童快樂學佛營中留下難忘的回憶。

捌月
August

推動和平 冥陽兩利
第二十三屆水陸空大法會

↑水陸法會啟建第一天,桃園地區的宗教團體共同為「愛地球、愛和平」祈福。

水陸法會是漢傳佛教最隆重莊嚴的盛事,本著「悲願、嚴謹、平等」的大普施精神,以懺悔、齋戒為核心程序的「靈鷲山水陸空大法會」,於桃園巨蛋體育館啟建盛大的八天七夜佛事。除了內壇佛事外,外壇還啟建梁皇壇,以及包含密壇與南傳壇等各經壇的經誦禮懺、齋天、齋僧、焰口施食等等佛事。

今年水陸法會從七月廿八日的記者會,以及法會第一天與桃園地區宮廟聯合舉辦的「宗教聯合祈福會」,直至八月十日法會圓滿送聖,都在向世人傳達心道法師「愛地球、愛和平」的生命和平理念,以及靈鷲山推動寧靜、愛心、對話、素食、再生、節能、減碳、節水及綠化等「愛地球九大主張」。

心道法師表示,「我從蓋世界宗教博物館開始,自然而然地向世界傳播和平,水陸法會一樣是在做轉化的工作,向六道推動和平;從無形的和平,到有形的和平,到生命和平大學,轉動整個世界多元共生的和平。」法師期盼所有參與水陸盛會的大眾,都能體認到佛法的光明,莫忘學佛的初發心,將這份光明傳遞下去。

　　每年水陸法會，全球各地的靈鷲山信眾齊聚桃園，超度歷代祖先與冤親債主，消災祈福。世界各地的靈鷲山社團，包括國際青年團團員與榮譽董事們，也於法會期間，分別舉辦「與師有約」聯誼活動，聆聽心道法師法教，發願追隨上師腳步，傳承佛法、利益眾生。

　　在水陸法會期間舉辦的「愛心贊普」，每年以募集的白米、食用油等民生物資，回饋桃園地區慈善團體以及有需要的四千多戶家庭，實際關懷桃園在地鄉親。

　　靈鷲山第二十三屆水陸空大法會在十日圓滿送聖，數千信眾組成送聖隊伍，繞行西方船「靈鷲二十三號」，祈請眾生順利往生西方，於桃園巨蛋體育館舉行的八天七夜莊嚴盛大法會，至此圓滿。

↑靈鷲山水陸法會是生命和解的平臺，功德主在此為歷世累劫的祖先超度，與冤親債主解冤解業。

落實水陸精神　永續水陸善業
心道法師水陸法會圓滿送聖開示

↑心道法師於水陸法會圓滿送聖開示。

　　靈鷲山第二十三屆水陸空大法會在十日圓滿送聖，感謝各界貴賓，共同為臺灣社會和諧與人民安康祈福。

　　我們在水陸法會圓滿的日子，不僅是佛事圓滿、服務也圓滿，上供下施，讓一切功德都圓滿。在圓滿香時，禮請聖凡法界各就其位，諸佛菩薩登上雲路回歸佛國，六道群靈往生淨土、轉凡成聖，而我們自己內在的貪瞋癡和習氣，也都隨著西方船遠離，讓我們獲得新生。

　　大家都跟著師父做水陸很多年了，無論出家、在家眾，大家一起做功課修行，聽從教誨，慢慢轉換習氣，用心辦水陸，成就了今天美好的水陸盛會。培養出很多有次序、有修養、進退得宜、優質、上軌道的義工。例如大寮的老菩薩們，發心給大家準備吃的，即使煮菜時油噴在臉上，他們卻一點也不抱怨，即使環境很熱，還是繼續在做，沒日沒夜地煮，從天亮煮到晚上，但他們臉上

都是快樂的，都是全心奉獻的。大寮的老菩薩，用願力來做這些難忍能忍的工作，這就叫做「莊嚴道場」。

這幾年師父很高興看到大家除了為水陸無私奉獻了二十多年，也懂得把自己的下一代培養出來做志工，繼續傳承水陸願力，這樣大家也就可以好好地做功德主，精進修行，讓水陸代代傳承，菩提種子永不間斷。

在水陸八天七夜中，從全球各地回來的弟子們，精進專注地打水陸七，令人讚歎。比如說從紐約那麼遠的地方，每年都回來參加法會，是什麼樣的力量吸引著他們呢？我想這就是水陸的力量，一種虔誠的能量，無國界的能量場。在水陸的國度裡，十法界皆圓滿，時間跟空間都沒有隔閡，十法界眾生相應連結在水陸的莊嚴淨土。

歷年的水陸能夠如此持續下來，我們的願力委員是非常重要的，他們努力去推廣水陸，才會有這麼多人有福報來參加水陸，水陸法會才能夠永續地經營下去，連結大家的善業，形成水陸的這份功德，支持水陸繼續下去的力量。

另外，這二十幾年來，我們很感恩功德主們的支持，因為他們的發心，水陸法會才能一直維持今天這樣的品質，希望大家可以一直繼續護持下去，繼續廣邀更多有福氣的有緣人，一起來做水陸，讓自己也變成有福氣的人。

師父這一生的志業就是推廣愛與和平地球家，這是一個時代使命，也是觀音菩薩的願力，讓我走上這條和平的道路。而水陸法會就是冥陽兩利、生命大和解的工作，讓我們在六道眾生的記憶體中，都種下和平的基因。

「愛地球、愛和平」，就是從內心的和平，進而影響到現實的世界。我在緬甸以佛法來培育和平的種子，未來更要發展成為全人教育的生命和平大學。這個願力，需要大家共同來推動和成就。

空花佛事，時時要做；水月道場，處處要建。我們的習氣需要不斷地被轉換，所以要一直讀經、懺悔、持咒、念佛、做禪修的功課。靈鷲山的水陸法會也要一直以嚴謹、悲願、平等的精神持續辦下去。大家不斷地續報，共同積極地推廣，在生活中落實水陸精神，圓滿一切事，成就一切法。祝願大眾三寶加被，供施圓滿，結法界緣。

團結三乘 廣布慈悲大愛
蓮師薈供大法會

心道法師應邀前往新北市三重體育館出席「猴年猴月蓮師十萬薈供大法會」。今年是藏傳佛教寧瑪派傳承祖師蓮花生大士六十年一次的火猴年誕辰，同時具有寧瑪噶陀傳承的心道法師，受寧瑪巴聞思修佛學會同時也是靈鷲山水陸法會密壇主法釋迦仁波切的邀請，出席這場盛會。

↑心道法師親臨藏傳佛教寧瑪派傳承祖師蓮花生大士六十年一次的火猴年誕辰法會。

西元八世紀，藏王赤松德贊邀請蓮師到西藏降伏諸魔、弘揚佛法，並建立藏傳佛教史上的第一座寺廟——桑耶寺，開始弘化無數，因此對西藏的信徒而言，蓮師恩重如山。為紀念並弘揚蓮師法教，全臺灣寧瑪巴各中心首度聯合舉辦「猴年猴月蓮師十萬薈供大法會」。

心道法師特別為大會獻上祝福語：「在此蓮師的殊勝日子，不只寧瑪派大團結，還有小乘、大乘、密乘要團結，世界各個宗教要團結，一起持蓮師慈悲大愛願力，為愛地球、愛和平觀修祈禱。」

↑靈鷲山水陸法會的密壇主法法師釋迦仁波切（右二），與心道法師（右三）共同出席「猴年猴月蓮師十萬薈供大法會」。

地球和平、無災無難是眾生的想望，猶如蓮師預言裡提到：「末法時期，人間有四大災難、疾病與戰爭，只要眾生向蓮師祈請，五濁黑暗之時，蓮師的加持愈明。」

學習生命的解脫
北京合光禪修中心三日禪

↑心道法師應邀前往中國北京合光禪修中心傳授平安禪法。

甫圓滿靈鷲山水陸空大法會的心道法師，應邀前往中國北京合光禪修中心傳授「平安禪法」。北京合光禪修中心以辟穀禪修為主要法門，其導師張曉梅居士曾來到靈鷲山參加「雲水禪」，感受到平安禪法的法喜，即邀請心道法師前往北京嘉惠參禪行者。

早年曾以辟穀法斷食閉關兩年，每日僅以大悲水及九粒的百花丸維持生理最低機能，將生死繫於呼吸之間的心道法師，特別與學員分享這段修行歷程。心道法師表示，以辟穀來回歸原始，與天地自然連結，若能以此來保護我們相依相存的地球環境，讓地球永續，從自身修行出發到對自然天地的大愛，是修行人菩提心的展現。

↑心道法師殷殷提醒：「禪修就是要閒下來，就是要放鬆、平靜的放下。」

禪修課程圓滿後，大眾虔誠皈依三寶，祈願在善知識的導引下，對自身的修行能有更好的體悟。心道法師也勉勵大眾，「人生就是輪迴的生命，輪迴就是不知道來生要到哪裡去，一輪迴就幾億年的時間，生而為人又可以遇見佛法、能夠學習佛法，如同烏龜遇浮木一樣稀有，我們能遇見佛法是多麼難得的事，希望大家能夠好好珍惜難得的因緣，學習佛法、學習生命的解脫。」

去我執 慈悲利他
心道法師出席供佛齋僧大會

↑心道法師首度出席「國際供佛齋僧大會」並應邀致詞。

　　靈鷲山開山大和尚心道法師首度應邀出席於林口體育館舉行的「國際供佛齋僧大會」。由中華國際供佛齋僧功德會主辦的「國際供佛齋僧大會」，至今年已舉辦十三屆，與會高僧大德遍及各教派，莊嚴攝受。

　　心道法師應邀致詞表示，我們應時時反省自己的德行，以上報四重恩、下濟三塗苦的慈悲利他的心受供。另外也讚歎大會規模一年比一年盛大隆重，發心的居士志工愈來愈多，大家不分彼此，分工合作、共同發心承辦，這個過程相當辛苦，我們應該感恩每個人的付出。

轉法輪 遠離執著
格澤法王訪靈鷲山

↑心道法師親自接待格澤法王來山。

藏傳佛教寧瑪噶陀派五大黃金法台之一的噶陀格澤摩訶班智達第四世法王局美·滇巴堅參參訪靈鷲山，拜訪同樣具有寧瑪噶陀傳承的心道法師。

格澤法王除每年應邀於印度金剛座參加寧瑪祈願大法會外，行跡不定於尼泊爾、馬來西亞等世界各地，二〇〇九年首度來到臺灣，就曾至靈鷲山拜訪心道法師，而本次來臺行程雖然短暫，仍再臨靈鷲山為僧眾開示說法。

格澤法王以佛陀初轉法輪時開示的四聖諦——苦諦當知、集諦當斷、滅諦當證、道諦當修，以及文殊菩薩賜予薩迦派的札巴堅贊大師的遠離四種執著——執著此生非行者、執著輪迴非出離、執著自利非菩提、若生執著非正見的教授為重點提醒大家，令受教的大眾獲益匪淺。

→寧瑪噶陀派五大黃金法台之一的格澤法王親訪靈鷲山，為僧眾講述四聖諦與遠離四種執著等法義。

讓心回到原點
檳城千人平安禪暨音樂會

↑靈鷲山首場海外大型心寧靜運動——「檳城千人平安禪暨音樂會」，由心道法師親自帶領大眾禪修。

靈鷲山教團及靈鷲山馬來西亞檳城國際禪修中心在檳城植物公園主辦「檳城千人平安禪暨音樂會」活動，這是靈鷲山第一次在國外舉辦大型的心寧靜運動，心道法師特別出席帶領大眾進行平安禪法共修。

活動一開始由寧靜的一分禪拉開序幕，緊接著由靈鷲山柔佛中心青年團所組成的禪鼓隊震撼演出，穿插檳華女子獨立中學合唱團、古箏、大鼓表演，知名歌手也到場演唱，分享「寧靜有助於創作」的歷程。之後，由心道法師帶領千人一起在檳城植物公園進行平安禪，並帶領民眾祈願高唱，「一願人類尊重、包容互愛；二願萬物和諧共生；三願人間愛心喜樂；四願世界和平、相依共存。」心道法師開示：「心和平世界就和平，人心和平是萬物有序的源頭，心和平，人與人、人與環境皆能和平共處，永續共存。」

靈鷲山自二〇〇三年發起「萬人禪修」，二〇〇八年擴展為「全民寧靜運動」，二〇〇九年發展為「全球寧靜運動」，持續推動寧靜的力量，世界各地已紛紛響應，更有許多學校透過老師帶領學生，每天實行「寧靜一分鐘」，讓校園、社會更顯祥和。今年第一次在馬來西亞舉辦千人平安禪，期盼全球各地遍地開花，達到「愛地球、愛和平，相依共存，多元共生」的願景。

↑馬來西亞信眾在心道法師的引領下，體驗平安禪帶來的身心安定。

玖月
September

凝聚善念 散播和平種子
心道法師紐約弘法

↑心道法師此次紐約弘法行，特別希望能凝聚大眾善念，散播愛與和平的種子。

心道法師前往美國紐約弘法，推動「愛地球、愛和平」地球一家的理念。此行，心道法師於紐約主持首場青年回佛對談，並於靈鷲山紐約講堂啟建圓滿施食超度法會，以及主持一場雲水禪三，教授平安禪法，為緊張忙碌的紐約客帶來一份心的寧靜，特別是在911恐怖攻擊事件十五週年的時刻，希望藉由禪修把「心和平世界就和平」的種子深植紐約。

心道法師此行還特別前往拜訪多年好友，同時也是世界宗教博物館設計與規劃的重要人物，前哈佛大學世界宗教研究中心主任蘇利文教授（Dr. Lawrence E. Sullivan），以及美國RAA公司總裁奧若夫（Ralph Appelbaum），心道法師邀請兩位好友共同加入推動「愛地球、愛和平」的工作。

此行恰逢911恐怖攻擊十五週年，同時也是聯合國訂定的「921世界和平日」前夕。對於至今世界仍充滿對立與衝突，心道法師認為，對立的起點在人心，所以要從自我內心開始，懂得去欣賞、尊重與他人的差異，「否則，我們將喪失宗教中最核心的價值——愛」。而愛，正是各宗教得以彼此合作推動和平的動力。

↑心道法師首次於紐約帶領三日禪，藉由禪修把「愛地球、愛和平」的種子深植紐約。

傳遞和平的力量
首次青年回佛對談

↑第一屆青年回佛對談，青年展現熱情與行動力，分享彼此宗教學習經驗，承諾攜手合作讓地球平安、和諧。

　　國際非政府組織「愛與和平地球家（Global Family for Love and Peace，簡稱GFLP）」與世界宗教博物館在美國紐約舉辦第十五屆回佛對談及首場青年回佛對談，首度邀請十八到三十五歲的青年為主談人，希望將累積的寶貴經驗傳承給佛教和伊斯蘭教的優秀年輕人，為世界良善的循環貢獻一份心力。

　　由GFLP、世界宗教博物館以及紐約「聯合國永續發展委員會（United Nations Commission on Sustainable Development, UNCSD）」、紐約「華人家長學生聯合會（Chinese American Parent-Student Council, CAPSC）」等單位主辦此次的回佛對談。第十五屆回佛對談的第一天於聯合國總部內舉行，由心道法師與梵諦岡駐聯合國代表Archbishop Bernardito Cleopas Auza、紐約伊斯蘭文化中心學者Imam Shamsi Ali等人進行跨宗教對談；第二天的青年回佛對談分別由伊斯

蘭教與佛教共八位青年領袖為主談人。討論主題包括：如何看待現今世界？希望塑造怎樣的世界？自己的信仰可以為世界做些什麼？大家如何攜手合作讓世界變得更美好？在反覆對談中，屬於年輕領袖的熱情與行動力，讓人感受到宗教的大愛與生生不息的生命力，也讓大家明白伊斯蘭教與佛教信仰中的共同點，那就是服務與奉獻。

與會的青年領袖疾呼：「就從我們開始、從我們生活的這裡開始，共同推動一些事情，而非會議終了就結束。讓這次會議不只是一場談話而已，而是從我們所在的社區做一些我們可以做的事情，消弭不必要的紛爭，讓社會更加和諧。」

心道法師說，「在沒有進行宗教交流之前，我們都會認為自己的宗教是最好的，透過宗教對話，開始認識其他宗教的內涵，也會發現每個宗教的最終目的是一樣的，都在屬靈的追求中走向真理，在屬世的生活裡走向愛與奉獻。祈願透過回佛對談，以多元共生作為共同的使命願景，讓世界這個生命共同體更美好。」

↑ 第十五屆回佛對談第一天，由宗教代表展開饒富意義的對談。

共同傳遞心和平的能量
心道法師於青年回佛對談演說

↑ 心道法師於第一屆青年回佛對談發表演說。

各位回佛對談的青年代表以及現場所有的貴賓，大家平安：

歡迎大家蒞臨今天這一場以年輕朋友為主談的回佛對談，這不只是世界宗教博物館與「愛與和平地球家（GFLP）」所主辦的第十五場回佛對談，同時也是第一場青年回佛對談。

相信今天的三個議題將會讓我們分享到伊斯蘭教與佛教信仰中的智慧，讓我們認識世界、反思危機、看見願景、找到共識，進而共同努力。

從靈性覺醒的世界觀來看，我們是彼此連結、相依共存的，整個世界就像生態系，是一個種子的世界，本來具足和諧的生命關係、多元共生的生命共同體。

我們所居住的地球只有一個。人類文明要永續下去，就必須認識目前我們賴以生存的地球所面臨的處境，由於人類的價值偏差走向了消費與欲求，科技文明追隨資本累積的方向快速前進，利益紛爭帶來了衝突、掠奪與戰爭，而武器對地球造成的傷害是最大的。

我們要轉化戰爭與衝突，就要認識世界是一個多元共生、相依共存的生命共同體。地球就像我們的母親，她無條件地滋養我們，我們整個世界所有的生命，都依賴地球而生存。而現在世界的人口越來越多，我們要能夠永續地球的生命力，就要從生命共同體的態度出發，來珍惜地球、愛護地球、回饋地球。

多年來，我一直推廣回歸靈性，因為回歸靈性能夠淨化人心，靈性提升了，生活就會簡樸，自然而然地消弭了因爭奪而產生的衝突。當我們把心寧靜下來，用分享而不是剝奪，就不會有爭奪。當越多人開始擁有「心」的和平，就會有越多的力量來傳遞和平能量，讓地球永續與平安。

我創辦「世界宗教博物館」和「愛與和平地球家」的理念，就是希望無論任何宗教、任何族群的人都能夠找到共識與回歸靈性，為世界和平鋪路。我一直和不同宗教做朋友，只要多一個朋友，就多了一份相互支持的力量。把「交朋友」這件事做好，宗教對話就能產生效果，發揮宗教的力量，一起合作來愛地球、促進人類永續生存。

唯有內心的和平，才能真正帶來世界的和平，地球的平安。地球是活的，地球只有一個。透過宗教對話與合作，推動和諧，讓我們共同祝福：地球健康永續，讓世界邁向和平之路。謝謝大家，祝福大家。

在覺性大海體會寧靜
中國東莞佛協訪靈鷲山

　　中國廣東東莞市佛教協會「兩岸宗教交流參訪團」一行參訪靈鷲山，參訪團成員包括東莞市慧雲寺住持海印法師、大嶺山林場觀音寺常住理訟法師、東莞市黃旗觀音古寺常住登超法師、東莞般若念佛堂知客宏暢法師、東莞市石龍佛寺住持德源法師、東莞市法華寺住持悟斌法師、東莞市西皈庵住持銳添法師以及東莞市民族宗教局副局長何兆法等人。

　　參訪團一行人在靈鷲山當家常存法師等陪同下，從天眼門、多羅觀音道場展開一趟難忘的靈山殿堂之旅。大眾來到開山聖殿體驗平安禪，在覺性的海洋裡聆聽無聲之聲，體會禪坐的寧靜與安詳。

　　參訪完靈鷲山，一行人來到位於濱海公路旁的聖山寺，由聖山寺知客法師引導進入金佛聖殿禮佛，共同以虔敬心合掌祝禱，祈願兩岸宗教交流更順暢，人心和諧、平安無災。

←中國東莞市佛教協會參訪團來山參訪，在靈山聖境中體會寧靜。

以宗教力量撫慰移工心靈
泰國貿易經濟辦事處來訪

↑心道法師親自接待泰國貿易經濟辦事處勞工處處長沃德婉（右二）一行。

泰國貿易經濟辦事處（Thailand Trade and Economic Office）勞工處處長沃德婉（Lupthawan Walsh）、副處長李錦盾（Sadudee Kittisuwan）、秘書陶雲升等人，前來靈鷲山拜會心道法師，祈請心道法師多舉辦宗教相關活動並邀請泰籍移工參加，藉由佛教的正向力量慰藉他們勞苦思鄉的心靈。

據統計指出，新北市目前約有八千名泰籍勞工和兩千多位泰籍新住民，對於這些篤信佛教又離鄉背景的泰國朋友來說，見佛思鄉，故宗教信仰的力量對他們來說相當重要。

在心道法師的悲心願力下，靈鷲山每年都會迎富貴金佛至泰國潑水節現場供民眾浴佛。而靈鷲山所供奉的富貴金佛正為泰國國寶，泰國移民及勞工對於這尊來自家鄉的富貴金佛也感到特別親切，到了現場都會虔誠地到壇城前禮佛，祈請富貴金佛加持境內所有泰籍勞工朋友與新住民身心安康、平安吉祥。

聖山寺志工淨心營
歡喜淨佛 禪修淨心

↑透過行禪、坐禪、功法等學習，與自己的心展開對話。

靈鷲山以慈悲與禪為宗風，長期於海內外舉辦禪修活動，希望接引更多人學習禪修。今年秋天，五十多位「歡喜淨佛、禪修淨心」的靈鷲山下院聖山寺志工，於九月廿四、廿五日回山，參加聖山寺志工淨心營禪修活動。透過行禪、坐禪、功法等學習，與自己的心展開對話、專注覺察，訓練心的明覺，聆聽身體律動的聲音。聖山寺志工平時以實際的淨佛行動供養諸佛，此次透過金剛經共修與禪修體驗，尋得讓心寧靜的快樂良方。

聖山寺志工團來自各地、有老有少，於每月的淨佛日回到金佛殿，手持刷具、除塵拖把，齊心淨佛。他們有時扶梯登高、有時伏地擦拭，集結眾人之力，將金佛殿的每一個角落打掃得潔淨無染。「淨佛，同時也是淨自己的心。」有了每個人盡心的付出，才能呈現出聖山的華嚴之美。隨後由聖山寺執事法師帶領眾人迴向，以此功德祝禱上師法體康泰，祈願世界無災和諧。

→聖山寺志工歡喜淨佛，同時以智慧潔淨自己的心。

當代學術巨擘
中國北京大學樓宇烈教授來訪

↑當代學術巨擘──中國北京大學樓宇烈教授訪心道法師。

中國北京大學哲學系教授、宗教研究院名譽院長、中國國學院名譽院長樓宇烈，偕同世界佛教僧伽會青年委員副主任釋能持、國際儒聯文化教育普及委員會委員馬一弘、中國政法大學教師肖磊、北京大學博士班學生等一行十七人，參訪靈鷲山，拜會心道法師。

樓宇烈教授一生致力於哲學、佛學研究，貫徹中西思想，連貫靈性與學問、科學與哲學，為近代困難的中國國學走出一條寬廣的路，當代無人能出其右。

樓宇烈教授一行人在心道法師親自引領下，從天眼門、多羅觀音道場、舍利塔林、五百羅漢步道、開山聖殿、祖師殿、法華洞到觀海台等處一路走訪，感受山海靈氣，尤其是海天一色的美景。樓宇烈教授說：「以人間仙境四個字都不足以形容靈鷲山的美，可說是佛光仙境。心道法師用三十餘年心血打造匯流南傳、漢傳、藏傳三乘佛教的聖地，甚至以開放心胸視野創立廣納各宗教的世界宗教博物館，承先啟後開創出不同的一條路，我更是感佩，也期盼這次跨越兩岸的宗教文化旅程，延伸成一股生命覺醒的力量，能為兩岸和平盡一份心力。」

拾月
October

靈鷲山基隆大悲行腳活動
山海中實踐愛地球九大主張

↑靈鷲山護法會於基隆市中正公園發起大悲行腳,以禪修與〈大悲咒〉為地方祈福。

　　靈鷲山基隆區護法會在基隆港建港一百三十年之際,於基隆市中正公園發起第二屆大悲行腳活動,吸引近千名靈鷲人聚集,在山海美景相伴下,以禪修與〈大悲咒〉為地方祈福。

　　活動開始時,各地靈鷲人在二二八國民廣場會合,由法師帶領禪修。近千人在草坪上,面對大海靜坐禪修,在藍天綠地、炮臺古蹟、海風鳥聲陪伴下,體驗平安禪的寧靜。

　　下午三點,大眾雙手合十、口中誦〈大悲咒〉,沿著步道前往大佛禪院,並隨手撿拾垃圾。履行愛地球九大主張:寧靜、愛心、對話、素食、環保、節能、減碳、節水、綠化,將愛護環境的心力化身為行動,身體力行的實踐。

　　基隆市長林右昌、基隆市議長宋瑋莉等人也蒞臨現場,感謝心道法師及千名靈鷲人持〈大悲咒〉,行腳為基隆地區祈福,祈願基隆市政順利、三十八萬市民安康。

　　心道法師秉持一路以來的宗教理念,提倡真誠、善良、美好的社會風氣與人心。希望這次經由基隆山海禪坐的行動,擴大對社會的正面影響,並為有限的生命,創造無限的價值。

福隆新地標
聖山寺寺門灑淨啟用

↑心道法師於金佛殿感念護法信眾對靈鷲山一直以來的護持。

　　靈鷲山下院聖山寺於心道法師生日當天舉行寺門灑淨啟用典禮，代表華嚴聖山建設邁入一頁新章。聖山寺新山門的設計，來自於心道法師的靈感，門型意象源自大鵬金翅鳥嘎魯達（Garuda）梵文，由種子字型演變而來，同時參考漢朝龍形紋，猶如兩隻祥龍相對，寺徽則置於龍紋間，有如雙龍含珠。

　　新山門啟用典禮當天，大雨持續不斷，象徵了護法龍天的歡喜支持，來自海內外護法大德與信眾們也歡欣擁護，在鏗鏘有力的鼓隊與祥獅獻瑞精彩表演下揭開序幕。心道法師與貢寮地區各界貴賓，共同在新山門前剪綵，祈願華嚴聖山的和平願景能護佑社會風調雨潤。

　　心道法師在剪綵儀式圓滿後，轉往金佛殿致詞，感謝十方大德長期對靈鷲山的護持，不僅莊嚴道場也讓靈鷲山能匯聚更大力量，在促進和平、社會教化與慈善救助等各方面，做出更大的貢獻。

靈鷲山送愛到緬甸
與長庚醫療團合作發揚大愛

靈鷲山慈善基金會與長庚醫院組織醫療義診團，前往緬甸臘戌弄曼村地區義診。這次的長庚醫療義診團成員包括內科、外科、小兒科、中醫、藥師、護理師、呼吸治療師、社工師及行政人員等，共十四名醫護相關人員。

↑ 不辭遠途、關懷生命，靈鷲山慈善基金會與長庚醫院義診團一同攜手前往緬甸進行義診。

醫療義診團分別赴緬甸臘戌弄曼村、弄曼大善園寺沙彌學院、曼殊寺院等地方，為村民進行義診和衛教宣導。義診的最後一天，醫療團前往臘戌社會福利會的義診醫務所服務，該機構由臘戌地區善心人士所組成，多年來致力於提供跨種族、跨宗教的服務，義診團員們特別把握時間前往看診，並建立未來合作的契機。

甫對國際開放的緬甸，普遍缺乏醫療以及衛教知識，尤其是偏遠山區。此次有了實地服務經驗，醫療團對臘戌當地情況與需求，已能清楚掌握，未來靈鷲山慈善基金會也將會持續組團前往，為村民提供服務。

←靈鷲山慈善基金會與長庚醫院義診團人員為當地孩童包紮。

心道法師緬甸和平之旅
果敢老街市千僧安靈法會

↑心道法師於緬甸果敢區首府老街市啟建的千僧安靈超薦法會。

　　出生於緬甸果敢區的心道法師，秉持著族群和解、和平共存以及回饋故鄉的心念，開啟弄曼佛教城計畫，開設沙彌學院，教養緬甸邊境的孤兒、孩童，希望將靈鷲山愛與和平的善業在果敢地區生根發芽。心道法師繼七月初在緬甸主持弄曼大善園寺愛學日典禮，再度來到緬甸，在果敢區首府老街市啟建千僧安靈法會，超度緬北邊境山區果敢族以及各民族多年來因戰爭犧牲的軍民，在戰火甫息、衝突未斷的老街市，可謂意義深重。

　　這場殊勝的千僧安靈法會的舉辦，緣自於心道法師與緬甸國防部北部東北部指揮昂丹突將軍（Aung Than Htut）。自二〇一五年果敢發生軍事衝突後，昂丹突將軍就致力於果敢老街市的修護與建設，包括孤兒教養、老人照護等種種善行，希望能讓老街市恢復生機，擺脫戰火的陰影。所以當將軍得知心道法師對緬甸仰光、臘戌等地的願力後，便希望能與心道法師共同在老街市籌建一場讓亡者安息、生者安定的法會，迴向超薦多年來因戰亂往生的亡靈。

　　法會由五十名法師二十四小時輪流讀誦《發趣論》超薦亡靈，法會圓滿當天（十月二十五日），則有來自臘戌、袞崙和果敢等地區共一千位比丘與會共修，並舉辦供袈裟法會，由心道法師、傣族區大長老度卡引達尊者、臘戌曼殊寺的曼殊尊者、緬甸仰光全國上座部國立佛教巴利大學校長鳩摩羅尊者（Ashin Kumara）、昂丹突將軍、果敢自治區領導委員會主席趙德強、工作委員白應能、秘書長吳索學昂、委員昂廷令等人，全程共同持誦《平安經》、《慈愛經》。

　　在全球化浪潮下，以佛陀法教作為生活指導的佛國緬甸，傳統社會文化正在發生轉變，心道法師發願在這個時代、這個機緣下為佛國緬甸盡一份力。心道法師說：「出生在緬甸果敢區的我，幼年跟隨軍隊來到臺灣，讀書、工作、出家、修行、建道場之後，再度回到緬甸，回到故鄉做這些善事，是為了把因果做好，是因為感恩佛陀給了我們世間最珍貴的佛法。」

↑啟建千僧安靈法會不僅為了戰爭的亡者安靈，同時也為生者祈禱安定和平，戰亂與紛爭止息。

關懷偏鄉學童 落實生命教育
宗博兒童館「愛的星球」開幕

　　為慶祝開館十五週年，世界宗教博物館重新規劃兒童館展區「愛的星球」，並舉辦開館記者會，特別邀請臺中偏鄉學校溪尾國小學童參訪。

　　「愛的星球」新展區結合3D科技與動畫多媒體互動元素，加入劇團表演、遊戲、說故事與教育功能，包括入口區、奇幻號、情緒星球、自然星球、愛的星球、愛的加油站等六大區域，展現專業的原創概念空間，結合奇幻精靈志工，推動劇團表演、遊戲、說故事等多種形式，期待落實愛的生命教育。

↑宗博館兒童展區「愛的星球」開館，陪伴孩童及青少年一同探索與學習。

　　參加活動的溪尾國小師長稱讚，透過簡單卻有系統、豐富有趣又充滿科技互動的過程，讓原本不擅言詞的學童學會自然表達，是一趟精彩而豐富的校外教學。

　　世界宗教博物館館長陳國寧表示，深耕在地十五年的宗博兒童館展區，過去以「愛的森林，尋找奇幻獸」為主題，整修後以「愛的星球」呈現，保留愛的主題與奇幻獸米洛可的設定，但靈魂人物米洛可長大了，繼續陪伴孩童及青少年探索與學習，這裡不僅是一座「生命教育館」，更是大家的「心靈博物館」。

　　宗博為推展愛與和平、尊重、包容、博愛的理念，近年攜手財團法人王永慶先生教育基金會，補助偏鄉小學交通、餐點、門票等費用到宗博參觀，是相當具有意義的生命教育體驗。因成效卓著，今年更擴大補助範圍，位於臺中市烏日區的偏鄉迷你學校溪尾國小就是新增補助學校之一。

無常示現勤行善 禮敬金佛悼泰王
泰王蒲美蓬追思祈福會

↑泰國僧王寺首席探采比丘帶領僧王寺法師來臺,為泰王追思法會誦經。

　　為追思十三日逝世的泰王蒲美蓬(Bhumibol Adulyadej),心道法師指示為泰王於下院聖山寺金佛殿設置追思禮堂,並與新北市政府於三重綜合體育館合辦追思法會,禮請來自泰國僧王寺的十位高僧,來臺唱誦泰國皇宮經律論三藏經典,提供泰籍移工朋友追思悼念。心道法師與泰王的因緣,最早源自於張國杞師長,當年張師長帶領的游擊隊因戰爭流離到泰北,年輕的泰王給予了這群孤軍落地安居的土地。相隔數十年,直至二〇〇〇年一月,佛法讓因緣再次牽起,當時泰國僧王智護尊者(Nyanasamvara Suvaddhana)對心道法師以「尊重、包容、博愛」籌建世界宗教博物館的理念深表認同,贈送「長壽金佛」給世界宗教博物館作為開館典藏。泰王蒲美蓬得知深表嘉許,亦致贈一直珍藏在

僧王寺的銅色佛像予心道法師。之後，泰國陸續贈送靈鷲山三尊金佛及吉祥臥佛，顯示靈鷲山與泰國的淵源深厚。

　　泰皇蒲美蓬追思祈福會於三重綜合體育館舉辦，特別禮請泰國皇家佛寺——僧王寺的高僧來臺，唱誦皇宮梵唱經律論三藏經典。接連兩天的誦經儀式，皆由皇寺僧侶所主持，其中首席梵唱的探采比丘，乃皇族成員之一，更是泰國最優秀的誦讀皇寺經典僧侶。誦經圓滿，現場貴賓以供奉袈裟、滴水功德等儀式，迴向祝禱世界平安。

　　心道法師也特別指示，於三重體育館所啟建的水陸先修「大悲觀音祈福暨瑜伽焰口法會」，特別為悼念泰皇一生的福慧功德立牌位，集三寶慈悲願力祈福。感念泰王恩德，心道法師特別向弟子開示：「世間一切的緣起都是無常，沒有一樣東西是留得住的，然而，泰王卻留給了泰國人民很多的教育跟幫助。泰王的示現，給予我們什麼樣的啟發？就是要把佛法做好、把十善業做好，透過禪修將內在昇華，也把外在的慈悲做好。」

從山海中尋回初心與感動
臺東東河部落三日禪

↑仔細感受肢體的每一個動作，重新學習在山海中找到自己，聆聽生命內在的寂靜。

靈鷲山臺東中心於臺東東河部落舉辦三日禪活動，匯集來自日本、桃園、臺北、宜蘭、臺南、高雄等地的朋友，身處臺灣後山海天美景與氤氳山嵐中，在寂靜中聆聽蟲鳴鳥叫、風聲樹聲、溪水潺湲、海浪起伏，感受白雲在天上作畫的自在，雲霧在流動中的禪意，就連自己的呼吸都似乎與空氣融合一體。光著雙腳直接與山林草地、海岸岩石、潮間細沙碰觸，找回與土地連結的初心與感動。

這場三日禪修，顛覆一般人對禪修的印象，跳脫傳統打坐的方式，以不同的方式尋得心靈的寧靜。除了一般坐禪、行禪，還邀請古琴大師涂隽、金曲獎傳藝類最佳演唱人芮斯、音樂劇場製作人胡健等人以音樂的方式，讓學員在平安功法、平安之歌、禪樂禪悅、寂靜潮間、觀星觀心、喫茶趣活動中，在平安禪法的引領下，體驗與自然同一的五感（色、聲、香、味、觸）全然放鬆，無分別、平等的寧靜，以及心靈的喜樂。

↑法師帶領信眾找尋心靈的寂靜。

靈鷲山臺東中心執事法師在臺東三日禪活動結束前，感謝所有參與的朋友對三寶與心道法師的信心，加上無私奉獻的志工及龍天護法的護持，成就這場前所未見的山海「五感禪會」。無論是初參、老參，每位山海行者經歷三天兩夜的因緣相會、觀山聽海，因為禪的共鳴，開啟心中那一扇門，觀本來面目，納寧靜法安，終法喜賦歸。

柔佛、吉隆坡觀音法會
修持觀音法門 成就生命善緣

↑心道法師於馬來西亞柔佛帶領信眾修持觀音法門，願大眾效法觀音菩薩服務眾生、行慈悲願行。

靈鷲山在十月、十一月分別於馬來西亞柔佛、吉隆坡舉辦大悲觀音法會，願眾生能學習觀音菩薩的大悲願力，精進勤修〈大悲咒〉，在苦海中找到希望之船，離開輪迴之苦，走向成佛的大道。

十月，心道法師前往馬來西亞柔佛弘法期間，於南方大學主法「千燈供佛大悲觀音祈福消災法會」，傳授大悲觀音法教，現場眾人虔敬攝受，座無虛席，讓大慈悲的能量滙集，現場修法的信眾也法喜充滿。

相隔三週後，心道法師再赴馬來西亞於吉隆坡馬華大廈三春講堂（Wisma MCA, Jalan Ampang, KL）主法「大悲觀音薈供消災祈福法會」，現場共有一千五百名的信眾參與。

　　心道法師開示：「一聽到觀音就想到觀音的特性──慈悲喜捨、救苦救難、聞聲救苦。因為觀音菩薩是這樣，所以福氣很大，祂的善緣也很廣大。觀音菩薩成就慈悲喜捨、聞聲救苦的善業，今天我們搭了祂的便車，發願學習觀音菩薩的願力，這就等於投資了觀音菩薩的善業公司，也就等於成就了無窮無盡的正能量。」

↑在吉隆坡的法會現場，上千名修法信眾虔心共修心道法師親授的觀音法門。

拾壹月
November

宗博十五週年館慶
落實宗博使命 和諧共生

↑心道法師與各宗教界代表念誦祈願文，祈願世界和平、地球永續。

世界宗教博物館開館第十五週年慶祝活動，舉辦「回佛對談十五年青年講座」、宗教代表祈福會，以及「愛地球、愛和平」感恩音樂會等系列活動，期盼藉此落實尊重、包容與博愛的精神，實踐愛地球、愛和平的使命。

館慶慶祝活動，首先由前哈佛大學世界宗教研究中心主任蘇利文博士（Dr. Lawrence Sullivan）、世界宗教博物館國際計畫總監瑪麗博士（Dr. Maria Reis Habito）兩位進行「發現相互依存的神聖根源——回佛對談十五年青年講

座」。早年皈依心道法師的瑪麗博士，從宗博籌建以來，就隨著心道法師出席各宗教交流、對話會議，這次瑪麗博士特別與青年分享多年國際宗教交流與對談的經驗，以及宗教領袖間珍貴友誼，共同為促成宗教和平而努力。蘇利文博士則回顧一九九四年與心道法師初次相遇，與參與規劃宗博館展示內容的心情，在透過和不同宗教團體對話與友好互動下，讓愛與尊重、包容成為創建宗博館的基礎。

下午的館慶活動，首先由埔里國小兒童合唱團獻唱，為宗教代表祈福會展開序幕，心道法師與近二十位宗教代表及駐臺大使上臺，分別念誦祈願文，祈願：一願尊重信仰，兼容族群；二願萬物和諧，多元共生；三願人間無苦，愛心喜樂；四願世界和平，地球永續。願我們共同為人類的美好與地球的平安，繼續努力與奉獻。「愛地球、愛和平」感恩音樂會特別邀請天才小提琴家廖姵珳、國際箜篌演奏家月亮演出，表達宗博館對各界的感謝。

心道法師表示：「宗博走過眾緣和合的十五年，顛簸中有著許多閃亮如珠的血汗，我內心充滿感恩，感恩所有支持者無私無我、無怨無悔的護持，感恩國際與社會各界回應的驚喜與讚歎，有著你們持續支持的力量，無疑是為臺灣宗教信仰的豐美土壤，寫下一頁舉世無雙的驕傲紀錄，使我們能謙卑地不斷前進，延續它的美好功德給下一代。」

←回佛對談十五週年青年講座邀請前哈佛大學世界宗教研究中心主任蘇利文博士（Dr. Lawrence E. Sullivan）與青年分享創館經驗。

地球永續 人類方能永續
心道法師與蘇利文教授
談生命和平大學

↑心道法師邀請蘇利文博士繼籌建世界宗教博物館後，繼續協助開展生命和平大學。

心道法師：生命和平大學跟愛地球的生命教育，是為了推動多元共生、和平共存，我們不是為了做大學而做的，這是愛地球的運動，大學只是一個機構跟後勤，是為了連結跟我們有同樣愛地球想法的人，共同完成地球永續、人類永續的願景。

生命和平大學緣起於世界宗教博物館「尊重、包容、博愛」的理念。尊重是宗教和諧的必要條件，包容是宗教彼此間的相處之道，也是多元共生一定要走的道路。如果只有尊重沒有包容，結果就是彼此相處不來。而宗教共同的工作就是博愛——愛地球、愛人類，這是我們推動多元共生、相依共存、不要衝

突的原則，讓每一個人對生命都能有所貢獻。所以，宗教彼此的關係是共生、相依共存，這樣才會沒有衝突。我們要用愛地球的心態、用人類永續的心態，做和平的事情。

愛地球是我們共同的方向，也是生命覺醒以後的出發。我們是不是能夠喚醒地球上所有的人，大家都能有愛地球的共識？所以必須要有一個機構來訓練與培育人才，然後教育大家，讓大家認識、學習與認同愛地球的觀念。同時也要跟學術界接軌，連結學者、有智慧的人，來培育愛地球的傳教士，這就是我們要蓋生命和平大學的原因。面對破壞地球、傷害地球的問題，我們也可以在大學裡做研究，研究如何讓地球的生態平安，並將研究出來的成果推廣出去。所以生命和平大學很重要，我希望它的每一個科系都能連結地球平安，為地球發言，推廣愛地球，不要再有戰爭與過度消費。這些也與蘇利文教授在靈性跟生態的研究專長非常契合。

戰爭與消費是當今地球面臨的大問題。地球資源有限，我們要學習如何珍惜資源，不要過度消費，要養成「過簡單、樸實生活」的習慣。地球是一個活的生命，它要有條件才能活，沒有條件就活不了。地球的生態系統要健全，土壤就是地球的皮膚、礦是骨，水分就是它生長的要素，我們不能破壞，讓地球不能運轉。我們如果破壞地球的生命系統，它就不會再生產東西供應生命所需。

在大學裡，我們要把這些知識跟證明找出來，讓大家明白，沒有地球就沒有我們。我們必須用看待生命的角度，思考如何讓地球活得更好、更健康，人類才可以在這裡取得生命的資源。過去我們不知道環保，對保護地球沒有常識。這二十幾年來，我們對保護地球有了更多認識，開始重視環保，可是這還不夠，還沒有辦法治療它，所以我們需要有個研究所，專門研究它，提出很多證明，提出大家願意接受、去實踐的成果。

生命和平大學就是一個全人類都要去發現、去做的愛地球運動，我們要有這個概念，才能把地球救起來。因為地球就像人一樣，當它生病時，會自己醫療自己，但是到了某個階段，沒辦法再恢復健康時，就會把整個人類的文明毀掉、重新開始，因此我一直急著要蓋這個大學。

　　為什麼要在緬甸蓋這個大學？緬甸這個國家有很多的民族，各民族之間多少會有摩擦。我們在這個多民族、混亂、不和平的地方設立生命和平大學，就有它的價值。未來我們如果能做到各宗教、各民族、社會能認同這份工作，一起來愛地球，我們就能轉動這個世界。

　　生命和平大學同時也是多元學習的地方，我們會從社會、科技還有宗教方面著手，目的就是要地球和諧。我們可以在佛教、基督教、伊斯蘭教各宗教裡找到共通的、和諧的東西，這就是生命和平大學的工作。大致上，我們是想為人類做些事情。我們不要慢慢來，而是要快快做。如果可以找到一個團隊來做，那會是最好的，就像我們蓋博物館的時候，很多人集思廣益、逐漸整合，最後做出我們需要的。

　　蘇利文：這是一個很美好的願景，很多想法相當地深思熟慮。時間確實很緊迫，但這同時也是成功的要素。我有很多想法，先提供兩點讓心道法師參考。

　　第一點，我覺得在視覺上要有「地球在呼喚」的感覺，讓學校成為發言的管道。我很喜歡這樣的概念：地球本身就是個完整的生命，是個聚集很多人的生命。所以，首先我們應該從地球這邊學習相關的生命教育，包括生命中原本的、自然的規律與定律，這些都應該是被尊重和學習的。從這個概念出發，我們可以號召全球各地不同的人，特別是不同宗教信仰跟傳統的人，齊聚在一起。這些有宗教文化相關背景的人士，會將靈性跟正念帶到這個地方來，他們不只對愛已有一定的認知跟觀念，而且還能具體地去實踐。

　　我們聚集這群人在生命和平大學這樣的平臺上，一同來發想，例如說什麼是愛，地球本身自然的定律、規律是什麼，諸如此類的概念。大學是實踐的大平臺，讓所有不同的理念、想法，可以為了地球去實踐、行動。這樣我們可能可以找到，在這些領域已有成熟實踐理念與成功經驗的老師和人才，這是樂觀的一面。

　　再者，我們也必須了解消費主義、戰爭甚至種族這三方面的問題根源，這是充滿挑戰和困難的部分，在實質裡要怎麼看這些問題、有什麼方法去解決。我本身最喜歡的是讓來自各方有智慧、有洞見的人聚集在這個平臺，我認為這

是時代的契機，讓擁有不同方法的人聚集一起，呈現智慧跟能力，共同來進行愛地球這件事。我非常願意成為大學的第一個學生。

現在這時間點非常對，選在緬甸也非常對。當初（指宗博籌建時期）心道法師到哈佛大學找我的時候，那時我才剛與不同的宗教領袖人士開始想這個問題。我花了五年時間，辦了十二場研討會，然後大家才開始願意討論這些問題。那時我在聯合國舉辦一場有三千人出席、包括不同領域的科學家會議。根據會議結果，哈佛大學出版了一系列如「佛教與生態」、「佛教與道教」，還有儒家、日本、印度教等刊物。做完之後，我才發現，「天啊！這才是剛起步而已。」但重點是大家終於意識到宗教和諧的重要性，覺得這是必須去討論的事情。我覺得其中最大的挑戰是這些會議有很多干擾，常因為時間的限制，不能多說什麼。但是在緬甸就不一樣，因為緬甸是從零開始，什麼可能性都有，在這裡能更加平心靜氣地真正去討論。我覺得這個時間點和空間都對了，很完美，這正是時代的召喚。

心道法師：在籌備生命和平大學時，我們就要做對計畫開展有用的事情，譬如現在開始籌備的時候，就要有很多討論：討論宗教、討論民族、還有討論地球的永續，還有像是會議要開、要聚集、要住、要吃、要多少人等，這些都要開始運作，等到大學蓋好時，就可以正式開始。

蘇利文：有位名人曾說過，開始總是美妙的，它會有一個特別奇妙的能量。我想確認一下心道法師的想法，剛開始，因為有時間壓縮的緣故，所以有很多事要平行進行，但平行進行也要有互動，才能聚集更多能量，然後再彼此交換。第二點，我們是真正地面臨問題跟挑戰，要去實踐、解決，必須趕緊想出一個解決方案，所有事情都要在可被實踐的基礎上去進行。

心道法師：這是確實該去做的，生命和平大學做成了，整個世界就會有另一個觀念、看法，這是大家必須要一起去討論的，從宗教、民族到國家，都要去討論。這不是一個人的事情，而是全球的事情，這是本來就應該做的。我們是地球平安的推動者，每一個地方都是我們合作的夥伴、都是一個基地，可以跟我們一起連結，實踐「愛地球、愛和平」的工作。

11/09～2017/02/12

福祥吉兆—
王步青花瓷繪及交趾陶特展
展現傳統文化的精湛工藝

↑宗博館開館十五週年特展——「福祥吉兆—王步青花瓷繪及交趾陶特展」，展現傳統文化的精湛工藝與宗教人文關懷。

　　世界宗教博物館與祥太文化基金會合作策劃「福祥吉兆—王步青花瓷繪及交趾陶特展」。展覽內容以福祥吉兆為主題，展出王步青花瓷二十四件、臺灣交趾陶十八件作品，展品均為祥太文化館珍貴收藏。

　　青花又稱為白地藍花，屬中國陶瓷器的主流品項之一，清末民初的王步青花名聞遐邇，王步一生致力於青花工藝六十餘年，素有「青花大王」美稱，其創作題材豐富，無論人物、山水、花鳥均有傑出的作品呈現。

而臺灣交趾陶為寺廟點綴裝飾的建築文化，源自於中國華南沿海一帶，此製作技藝已鮮少於中國大陸廟宇出現，反倒是臺灣將其技藝保留下來。臺灣交趾陶的發揚首推著名的交趾陶匠師──葉王，以其發展出色彩鮮豔如寶石般的寶石釉色為一大特點。

↑ 交趾陶是臺灣寺廟的傳統藝術，展現了臺灣宗教美學與價值。

這些青花瓷器與交趾陶，題材皆取自仙佛人物、忠孝節義故事以及吉祥圖飾等等，以諧音與隱喻表達心靈深處的理想與願景。宗博館於開館十五週年館慶舉辦此特展，希望透過展覽所傳遞的吉祥如意，以感謝十五年來伴隨宗博館成長的每一位參與者，並祈禱社會能更祥和美麗。

「福祥吉兆─王步青花瓷繪及交趾陶特展」系列活動表

日期	名稱
11/13	王步青花的收藏與特色 分享人：王福源（祥太文化基金會創辦人）、 　　　　成耆仁（前國立歷史博物館研究員）
11/27	全球化初期東方瓷器對西方世界的影響 分享人：陳國棟（中央研究院歷史語言研究所研究員）
12/11	走讀臺灣廟宇裝飾藝術 分享人：康諾錫（文史工作者）
2017/01/07	平安如意相框─輕黏土創作 分享人：林明芬（中華國際手作生活美學推廣協會講師）
2017/02/05	年年有魚─翻糖杯子蛋糕創作 分享人：Maestro Studio

拾貳月

December

緬甸供僧暨短期出家修道會
改變自身 增長慧命

↑緬甸仰光「世界和平大石窟」舉行萬人供僧儀式。

　　每年歲末，心道法師皆會帶領全球靈鷲山信眾至緬甸朝聖供僧，以及舉辦南傳短期出家修道會。今年是靈鷲山第十五次在緬甸舉辦朝聖供僧法會，中華國際供佛齋僧功德會首度來參與齋僧。齋僧法會分別在仰光翁所布寺院、臘戌曼殊寺院、東枝茵萊湖、伍佛廟、大水塘寺院、千佛洞、香腳羅漢寺院、世界和平塔萬人石窟等地舉行，在曼殊大和尚以及多位尊證比丘的幫助下，順利完成各場次的供僧儀式。

　　今年特別殊勝的是九日於世界和平大石窟（Kaba Aye Mahāpāsāna guhā）舉行的齋僧法會。世界和平大石窟是佛教史上第六次經典結集的所在地，也是緬甸每年舉辦佛教僧侶辯經考試的地點，亦為二〇〇六年心道法師獲頒緬甸國家一級獎章「弘揚佛法貢獻卓越獎」受獎地點，能於此地舉行供僧法會，象徵佛法傳承與弘揚，意義非凡。當日心道法師率眾供養，緬甸國家僧伽委員會主

席、副主席及中央委員等共四十三位長老，還有一千五百餘位比丘吉祥與會接受供養。仰光與曼德勒上座部佛教巴利大學二校校長、緬甸國家宗教文化部部長及各部會長官等，多位貴賓親臨現場，場面十分盛大。

今年的南傳短期出家修道會在靈鷲山大善園寺國際禪修會館舉辦，本次求受短期出家戒會的弟子分別來自馬來西亞、新加坡、臺灣、香港、中國等地。戒會由緬甸仰光全國上座部國立佛教巴利大學校長鳩摩羅尊者（Ashin Kumara）親自講授戒律，讓戒子們都能清楚了解，珍惜佛陀時代的僧團體制，體驗佛陀時代原始的文化與原貌的修行生活。

心道法師為戒子們開示：「最重要的事就是修行，如果不修行就會生煩惱。藉由不斷熏陶出家的清淨，明白出家人到底在做些什麼事情，及出家人對社會、對人類世界的幫助，從體驗出家的這份殊勝中改變自身，讓我們對修行成佛能更有信心。」

↑緬甸國家僧伽委員會主席、副主席以及中央委員四十三位長老，出席於「世界和平大石窟」舉辦的萬人千僧供僧儀式，是緬甸佛教界的一大盛事。

措尼仁波切大圓滿講座
證悟心性的光明

↑措尼仁波切（臺上右一）來山，為常住僧眾宣講大圓滿法要。

藏傳竹巴噶舉及寧瑪傳承持有者措尼仁波切（Tsoknyi Rinpoche）來山，為僧眾講說「大圓滿法」，開啟佛法修證的另一視野。措尼仁波切的父親為祖古烏金仁波切，弟弟則是《世界上最快樂的人》一書作者詠給明就仁波切。措尼仁波切受十六世大寶法王認證，依止多位當今偉大的上師。

靈鷲山與措尼仁波切的因緣起於二〇一〇年，靈鷲山般若文教基金會附設出版社為措尼仁波切出版著作《大圓滿生活》，今年底措尼仁波切來臺弘法之際，特別禮請措尼仁波切以「大圓滿的傳承與背景」、「大圓滿入門的修行精要」兩大主軸，為僧眾進行專題講座。

課堂中，措尼仁波切以活潑生動的生活案例，使課程輕鬆活潑，同時也機

鋒四起、法義深刻，令僧眾聞法信受、收穫滿滿。由於此次措尼仁波切來山時間短暫，僅就「大圓滿法」簡短提要，心道法師特別邀請仁波切明年再度來山，繼續慈悲傳法。

措尼仁波切此行也特別在心道法師的導引下，走訪無生道場各處殿堂，包括心道法師早年閉關的法華洞，以及展示心道法師教育理念、弘法成果的文化走廊。過程中，措尼仁波切對於心道法師的弘法利生志業備感敬佩。仁波切在課程中也一再叮囑僧眾，跟隨具德的上師修行，是最有福報的事，希望僧眾能追隨上師的弘法志業，讓佛法傳承永續無礙。

↑心道法師與措尼仁波切在法華洞中交流修行體驗。

參訪福智僧團
友善大地 慈悲共生

↑靈鷲山僧眾法師首次前往福智僧團參學。

　　靈鷲山僧眾在首座了意法師帶領下參學福智僧團，雙方就僧信教育、自然有機農耕等議題進行交流。福智僧團以《菩提道次第廣論》為其主要修學論典，教學內容嚴謹、次第分明。福智僧團在有機環保、自然農耕方面的實踐，也有許多值得參學的長處。靈鷲山近年來推動「四期教育」的成佛藍圖，「愛地球九大生活主張」的寧靜運動，以及結合食農、食養、食禪的綠禪食觀念，還有平安禪、「愛地球、愛和平」等主張，此次參學交流，雙方分別就這些議題，分享彼此在推廣佛法及友善地球等等的心得與成果。

　　二〇一五年靈鷲山僧眾冬安居華嚴法會期間，福智僧團新竹鳳山寺住持如證法師來山拜會心道法師。今年一月，在禪聞法師及慈心有機農業賴錫源董事長帶領下，福智僧團來山拜會心道法師，交流教育及修行的想法。十月時，靈鷲山與長庚醫院合組的醫療團，也曾和福智社會福利慈善事業基金會分別前往緬甸義診，跨越國界藩籬，結下和平的善緣。

　　十二月十三日，靈鷲山首座了意法師率領靈鷲山法師，首次前往臺灣雲林斗六的福智僧團湖山分院進行參學，隨後參觀古坑福智教育園區及慈心農場，對於福智僧團的學制以及僧才來源進行了解。二十一日靈鷲山常樂法師再次帶領工程團隊，參訪古坑福智教育園區及慈心農場，團隊對於農場的堆肥系統、生態淨水處理系統、廢棄建築物活化、太陽能發電等印象深刻。

　　福智僧團創辦人日常老和尚對生態環境及生活、生產、生態、生命的「四生」理念，恰與靈鷲山推動的「愛地球、愛和平」、珍惜大地的慈悲理念相同。期盼藉由雙方參訪、互動交流，一起落實環保，並進一步吸引更多企業與民眾投入。近年來，兩教團間已有數次交流活動，「若欲佛法興，唯有僧讚僧」，佛教界內各團體間的交流參訪，將使佛法修行與弘揚更能深入人間。

龍樹生命和平教育課程
喚醒生命智慧的基因

靈鷲山於無生道場舉辦第一年第一、二階龍樹生命和平教育課程（Nagarjuna Education for Peace and Life），計畫將以三年密集的心靈啟發課程，邀請世界具有影響力的精神導師，傳授多元的生命學習，循序漸進地啟發青年學子內涵，解行並重培養多元生命的領導者，達到自我領導，進而擴至家庭、社會到全世界。

龍樹EPL課程是靈鷲山推動生命和平大學計畫的一環，透過系列課程安排的生命和平大學習，旨在培養愛與和平的種子，激發靈性的智慧，讓人們在生活、事業、家庭中，感受到心的和平，並且看見真正的幸福與快樂。

今年度課程除了希望喚醒生命智慧的寧靜基因，還包括學習淨化身心、閱讀生命觀點、建構生命智慧、獲得清淨力。學員除了臺灣的年輕朋友，還有來自新加坡、馬來西亞、美國與中國的青年學子，在山海間領受佛法禪悅。

龍樹EPL計畫每年於課程與課程期間，採用網路雲端連結學習，經由網絡線上指導，設計「生活禪省思和實修」，透過經驗課程的內涵，從生活中去實踐，從人我關係中自我覺醒。

↓ 龍樹 EPL 課程正式啟航。

居家五戒暨菩薩戒戒會
以戒為師 終身持守

↑ 靈鷲山遵循寶華山儀式啟建居家五戒暨菩薩戒戒會，恭請心道法師（中）擔任得戒阿闍黎與依止和尚。

靈鷲山啟建有「律宗第一山」之稱的寶華山律儀「居家五戒暨菩薩戒戒會」，這是距二〇〇八年以來，靈鷲山相隔八年再度依止寶華山律儀傳戒。

此次戒會恭請靈鷲山開山大和尚心道法師擔任得戒阿闍黎與依止和尚，惟悟法師為羯摩阿闍黎、大雲法師為教授阿闍黎。戒期中每項儀軌均遵循寶華山定制，嚴謹的戒壇精神為靈鷲山傳戒的主要恪守。

此次傳戒共有一百七十一位戒子求受淨戒，心道法師於戒會啟壇時，勉勵諸戒子：「大家受持五戒、菩薩戒，最重要是信心與虔誠，唯有虔誠的信心才能讓我們得到五戒、菩薩戒的清淨戒體，所以要好好的懺摩、聽戒，把戒條聽清楚，受戒圓滿回去之後，才能貫徹到我們的生活當中。一旦受了菩薩戒就要終身的持守，這就是身為佛弟子精進的行為。」

↓戒會修習完成後，願每位戒子皆如實守戒，將戒律落實在日常生活中。

拾貳月

年度報導

僧眾精進閉關

深持禪修 悟明本心

↑ 靈鷲山春安居，常住法師在心道法師帶領下，收攝身心，清淨共修。

　　二〇一六年的春安居從三月開始，四十九天的春安居包含僧眾閉關及信眾的禪21，年終則於十一月啟建華嚴法會，以及繼二〇〇八年後，相隔八年再次依止寶華山律儀所舉辦的居家五戒暨菩薩戒戒會。

　　禪是靈鷲山的道風，本山藉由禪修的推廣，逐步將心道法師的平安禪推廣到社會上，讓寧靜的心靈力量成為社會和諧的基礎。今年的春安居，首度辦理信眾禪21，希望大眾在禪的訓練中，都能找回自性。心道法師特別叮嚀四眾弟子要珍惜禪修的分分秒秒，要以禪修找回自己，開啟覺性的光明，讓自己了脫生死、出離輪迴，證悟本來面目。

　　每年歲末的華嚴共修法會，由全體常住法師及信眾共同虔誦《大方廣佛華

嚴經》八十一卷,已成靈鷲山的一大特色。平日為弘法志業忙碌的僧眾得以專注養息修行,深入重重無盡的華嚴性海,讓一切有情無情共發菩提心、同證佛果,以一切智成正覺,也繼續為弘揚佛陀法教、聖山傳承而努力。

靈鷲山於二〇〇二年首次啟建遵從寶華山律儀的居家五戒暨菩薩戒戒會,寶華山律儀素有「律宗第一山」之稱,今年靈鷲山再次於十二月二十五日至三十一日啟建居家五戒暨菩薩戒戒會,恭請心道法師擔任得戒阿闍黎與依止和尚,惟悟法師為羯摩阿闍黎、大雲法師為教授阿闍黎,戒期中的每項儀軌均遵循寶華山定制。心道法師說:「戒律,就是在生活中把心調好,我們許多的不善行,必須依止戒律來過濾生活中粗魯的思維。五戒是對自身諸惡莫作的提醒,而菩薩戒則蘊含了積極度眾的宏願。受持菩薩戒是為了讓佛法永續,讓三寶永存,讓我們生生世世都能學習佛法,進而接引眾生學習佛法、離苦得樂,種下成佛的種子。」

↑每年歲末的華嚴法會,全體常住法師及信眾共同虔誦《大方廣佛華嚴經》。

靈鷲山四期教育課程
解行並重 成就佛道

↑緬甸仰光國立佛教巴利大學校長鳩摩羅尊者（Ashin Kumara）為全山法師講授為期一個月的「南傳專題：《攝阿毗達摩義論》」課程。

靈鷲山的僧信教育以三乘共傳、四期教育為修學，讓四眾弟子在次第分明的學習中，堅固菩提心、廣行菩薩道，同時落實在「教育即組織，組織即弘法」的實踐上，成為帶領社會和諧安定、地球平安的一股力量，傳承佛法、永續佛法，讓正法永住。

今年僧眾課程，除了三乘佛學院的學院課程外，為了推動四期教育，分別開設阿含期初階基礎課程、阿含期初階課程「初轉之法」等全山課程，以及師資培訓課程，期許僧眾成為帶動四期教育學習風氣的火車頭。另外，在五月時，連續第三年禮請緬甸仰光全國上座部國立佛教巴利大學校長鳩摩羅尊者（Ashin Kumara）與教務主任Ashin Therasabha為全體僧眾講授為期一個月的「南傳專題」：「南傳僧伽律儀」、「《攝阿毗達摩義論》」等課程，讓僧眾對阿含經藏有初步的學習。今年並邀請藏傳直貢噶舉傳承持有者澈贊法王來山講授「大手印心要」。八月時，藏傳佛教寧瑪噶陀派五大黃金法臺之一的格澤法王，為僧眾講授四聖諦法要以及遠離四種執著。十二月，同時持有寧瑪、竹巴噶舉傳承的措尼仁波切來山講授大圓滿法要。

在信眾課程部分，分別在五月、九月在各講堂開設阿含期初階基礎課程與阿含期初階課程「初轉之法」，讓信眾延續二〇一五年對阿含經藏的學習，在生活中、行儀中更能如法如儀。另外，為了讓更多大眾能夠接觸、學習到四期教育課程，慧命成長學院特別於慧命教室舉辦阿含期初階課程《初轉法輪經》

平日班；並前往海外，包括柔佛、北京、上海、廈門、紐約等地舉辦四期教育營隊，另外也特別為榮董開設四期宗風體驗營，將四期教育解行並重的精神貫穿於靈鷲山宗風與傳承的法脈，讓四眾弟子更了解心道法師的願景及弘法志業。

靈鷲山四期教育的修學，就是佛陀法教的內涵，是生命教育實踐的方法，也是我們證悟生命實相的成佛教育。我們不但要用這一生去好好學習、落實和體證，更要發願生生世世都不間斷地走這條成佛的道路。

↑學員透過四期教育的學習，在成佛路上獲得正知、正念、正行。

二〇一六年度僧眾四期教育教育課程

日期	課程名稱	地點
01/11、01/12 01/18、01/19	阿含基礎全山大堂（一）～（四）	開山聖殿、聞喜堂
05/23、05/24 07/11、07/12 08/22、08/23	阿含初階全山大堂（一）～（三）	開山聖殿、聞喜堂
05/30、05/31、06/01 06/06、06/07、06/08 06/13、06/14、06/15 06/20、06/21、06/22	南傳專題	開山聖殿、 三乘佛學院妙覺教室
10/30、11/01	阿含基礎全山大堂	開山聖殿、聞喜堂

二〇一六年度信眾四期教育教育課程

日期	課程名稱	地點
01/06 ～ 03/02	阿含期初階課程《初轉法輪經》	慧命教室
05/05、05/12 起，每週四（共八堂）	阿含期初階基礎課程	全臺各講堂
04/30 ～ 05/02	四期教育阿含初階上學期—柔佛營隊	馬來西亞柔佛
05/08 10/01	榮董快樂大學習宗風體驗營—北部 榮董快樂大學習宗風體驗營—南部	苗栗巧克力雲莊 臺南關子嶺
06/17 ～ 06/19 10/14 ～ 10/16	榮董四期教育營隊（阿含期上學期）「初轉之法」 榮董四期教育營隊（阿含期下學期）	貢寮莫瑞納海灣會館 苗栗巧克力雲莊
08/20	阿含期初階課程「初轉之法」：覺醒之道——心靈探索營	北京
09/16 ～ 09/17	阿含期初階課程「初轉之法」：覺醒之道——心靈探索營	紐約
09/22 起，每週四（共八堂）	阿含期初階課程「初轉之法」	基隆講堂、臺北講堂、新北市分院、中港中心、樹林中心、桃園講堂、中壢中心、新竹共修處、臺中講堂、嘉義中心、臺南分院、新營共修處、高屏講堂、蘭陽講堂
10/22 ～ 10/24	阿含期初階課程「初轉之法」：覺醒之道——心靈探索營	上海
10/28 ～ 10/30	阿含期初階課程「初轉之法」：覺醒之道——心靈探索營	福建

靈鷲山平安禪
找回本心 讓心回家

↑行走在山林之間，遠離塵囂與俗務，透過禪修找回自心。

　　靈鷲山平安禪是心道法師根據多年的禪修修證體驗，以觀音菩薩的耳根圓通法門為主，透過吐納、攝心專注、覺知出入息、聆聽寂靜四步驟的次第修行，讓禪修者找回自己本來面目，找回原本的心。

　　二○一六年靈鷲山平安禪修課程，包括全臺各講堂開設的平安禪基礎課程與進階課程，各講堂不定期舉辦的一日禪體驗，以及在靈鷲山無生道場與僧眾春安居共同舉辦的信眾禪關21，以及禪二、禪三、禪七、禪十等禪修活動。另於四月及十月分別在花蓮、臺東舉行二日及三日禪修。

　　在國際禪修方面，心道法師先於二月受邀前往韓國參加世界禪修大會，帶

領全球上千名禪修人士進行禪修體驗。五月底至六月初，心道法師則前往德國、奧地利等國教授平安禪，以中國禪直指人心、見性成佛的啟發形式，印在歐洲禪行者的生活世界中。八月、九月則分別於北京合光禪修中心與紐約長島舉辦三日平安禪課程，透過坐禪、行禪等功法和體驗，教導參與者透過禪修認識自心，讓心回家。

↑ 靈鷲山舉辦平安禪法工培訓課程，期許學員成為禪關護關人員，讓禪修行者安心辦道。

另外，靈鷲山也根據不同禪關的禪修行者需求，規劃合適的禪修課程。基本上，禪三的禪修者需具有一日禪修的經驗，禪七、禪十者，則分別須具備禪三和禪七經驗。而為了讓禪修行者能安心辦道，靈鷲山從今年開始培訓禪法工，作為禪關的護關人員，維護關房的清淨無染，讓禪修學員免於干擾，能剋期取證。

心道法師認為禪不一定是遠避山林的高深修行，也可以是生活觸手可及、遇目皆是的「生活禪」，只要能夠充分掌握要訣，平安禪即是現代人安頓身心、和諧世界的最佳方法。

靈鷲山無生道場年度平安禪活動

梯次	日期	天數
春安居：信眾平安禪 21	04-04～04/24	21天
平安禪二	06/17～06/18	2天
平安禪三	07/15～07/17	3天
平安禪七	08/22～08/28	7天
平安禪三	09/09～09/11	3天
平安禪十	10/01～10/10	10天

二〇一六年平安禪教育推廣

課程主題	日期	名稱	地點
平安禪修課程	01～12月	一日禪	全臺講堂
	01/05～01/07（共八堂）	平安禪法基礎課程、平安禪法進階課程（一）	全臺講堂
	04/16～04/17	花蓮二日禪	花蓮海中天會館
	08/23～08/26（共八堂）	平安禪法基礎課程、平安禪法進階課程（一）	全臺講堂
	10/21～10/23	臺東三日禪	臺東東河部落
國際禪修	02/24～02/28	第三屆世界禪修大會	韓國江原道
	05/30～06/09	禪修課程	德國Neumühle禪修中心、本篤禪修中心
	06/11～06/12	禪修課程	奧地利維也納Spriner Schlossl會議中心
	08/15～08/17	北京三日禪	北京合光禪修中心
	09/10～09/12	長島三日禪	美國紐約
	11/14	馬來西亞檳城菩提獨立中學一日禪	馬來西亞檳城
禪法工培訓課程	05/14～05/15	禪法工培訓	無生道場
	05/28～05/29	禪法工培訓	無生道場
	06/26	禪法工培訓	蘭陽講堂
	07/24	禪法工培訓	臺北講堂
	10/15～10/16	禪法工培訓	無生道場

放下身心 回歸本來

心道法師平安禪修開示

↑透過禪修學習放下身心，回歸本來的自己。

　　我們所修的心不是物質、不是形相，而是我們的本來面目。透過禪修能讓我們回到父母未生前的自己，沒有身體結構的自己。身體是輪迴的，本來面目是不輪迴的。若不想輪迴，就要截斷眾緣。平安禪四個步驟就是一個關鍵，讓我們能導航到我們的心性，反覆地讓自己能夠不變異、不搖動，能夠安住在眼觀鼻、鼻觀嘴、嘴觀心、心無所觀上，安住在我們的出入息，安住在我們的耳朵──平平凡凡、安安靜靜的聽，聆聽寂靜，聆聽沒有聲音。

　　禪宗常常開示，要安住在遠離語言文字的地方，只要是有語言文字的地方，就是有障礙的地方。安住在離心意識，就是離心的造作，離意識分別，專注在法門上，只要專注在清楚的呼吸，雜念就不見了。因為專注的關係，我們

的出入息能夠純化、淨化。專注在聆聽上，耳朵就是聽寂靜無聲，所聽到的就是沒有聲音。專注當下，解決妄念的起伏。妄念如果起來，我們就拉回來，拉到專注、寂靜的地方、沒有聲音的地方。讓一切的妄念寂靜下來，一切的想法也寂靜下來，聆聽寂靜，什麼聲音都沒有。

大家透過打坐就能夠超越各種的想法，這是一個主觀跟客觀的關係。能超越的時候就客觀，不能超越就成主觀。主觀是因為相對關係而產生，叫作一生二，二生三，這樣一直生下去，便沒完沒了。我們如果能夠超越，就能各住各位，每一個東西，自己住在自己的地方，互不干預、互不干擾。我們從這裡去覺醒，從這裡去熏陶，無所住而生其心，因為無住而能夠空，才能夠滅除一切的生滅心，我們才能夠到寂靜涅槃的地方。

所以聆聽寂靜，放鬆一切的妄念執著，放鬆一切的聽與不聽，寧靜下來，聆聽無聲，沒有聲音。大家反覆的練習，讓自己能夠專注，不要去散亂，慢慢就會體會到無念、無相的自我生態。打坐要靠耐煩、恆心毅力以及智慧，去敏銳的覺察到生命的實相。對自己要耐煩，對所有不耐煩的東西，都要慢慢觀照，不要到處去攀緣，要無所緣。我們的心本來就是沒有現象的，現象跟我們是沒有關係的。如果有關係的話，那就不是禪修了。

身心自在好禪味
綠禪食帶動綠色食尚

↑「綠禪食」系列課程培訓,以食農、食養、食禪的概念,播下愛地球的善種子。

　　近來如何吃得安心、吃得健康的食安問題,以及如何與土地建立更友善的關係,採行有機、自然的農法,不受農藥、工業等污染,這些議題逐漸獲得國人重視。有機素食不但有益自身健康,也有益地球健康,因此,靈鷲山結合環保、食物與養生,欲建立社會大眾對友善大地的共識,以食農、食養、食禪為核心理念,推動「綠禪食」培訓活動,並在靈鷲山實際落實綠禪食觀念,開設綠色廚房,提供有機、無毒的餐點,實踐禪食文化。食農就是友善土地、環保護生;食養是安心無毒、淨化身心;食禪為三德無缺、正念感恩。

　　今年靈鷲山與友善大地有機聯盟合辦「綠色廚藝」廚師培訓課程,課程內容含基礎培訓、職前培訓以及有薪在職培訓等,包括:綠色餐飲(健康自然素

食）、保健膳食、創意料理、菜單規劃與設計、餐飲美學、食材特性與料理原則、食材採購、儲存管理、衛生管理與團隊資源等課程。四月時先於慧命成長學院開設「基礎培訓課程」，五月帶領學員前往臺南官田、佳里等地，舉辦食農食養巡禮四天三夜課程，讓學員更了解環境農業與食物的關係，還有中醫食養以及蔬食小吃的製作與學習。

另外，為推廣「綠禪食」觀念，也於世界宗教博物館分別舉辦「認識清潔劑的毒害」、「無毒液體皂DIY」、「基改？非基改？」、「聰明擇食，安心飲食——認識食品添加物」等基礎課程。七月邀請專業營養師，以四季食材為基礎，教學員規劃出適合身心所需的飲食指南。

心道法師開示：「地球只有一個，過度開發會讓地球生病，希望大家從內心和諧做起，回到靈性的世界，多素食、多有機，讓地球能呼吸，不要發高燒、拉肚子，重新健康起來。」禪是自然、簡單、樸實的生活，在禪的實踐中，我們將減少對自然的破壞，回歸自然，送給地球一個永續共榮、互濟共生的禮物。

二〇一六年綠禪食培訓課程

日期	課程名稱	地點
04/30 ～ 05/02	綠色廚藝基礎培訓課程	慧命成長學院
05/21	認識清潔劑的毒害	慧命成長學院
05/21	無毒液體皂DIY	慧命成長學院
05/23 ～ 05/26	食農食養巡禮	臺南官田、佳里
06/25	基改？非基改？	慧命成長學院
06/25	聰明擇食，安心飲食 ——認識食品添加物	慧命成長學院
07/06 ～ 07/07	四季禪食	無生道場

護法會推廣善業
傳承靈鷲山人間觀音志業

↑靈鷲山護法會冬季幹部成長營在日月潭青年活動中心舉辦,檢視過去一年成果,並積極展望未來。

二〇一六年是靈鷲山護法會成立第二十六年,靈鷲山護法會的委員、會員們,身為弘揚佛法的大使,為了成就一切眾生、實踐愛與和平地球家的華嚴願景,在生活中、在學佛與弘法上都謹守心道法師一再提醒的「一家、二風、三好、四給、五德、六度」準則,廣結善緣,將心道法師「愛地球、愛和平」的和平理念,傳遞給社會大眾。

心道法師非常重視護法會眾的教育與學習。今年靈鷲山護法總會持續舉辦護法幹部的四季成長營、儲委精進營、授證委員精進營、生命關懷精進營等營隊,希望眾人跟著觀音菩薩慈悲喜捨的願力,傳承護法會「生命服務生命、生

↑靈鷲山護法總會舉辦幹部四季成長營,傳承「生命服務生命、生命奉獻生命」的精神。

命奉獻生命」的精神，推廣善業、拓展法緣。而靈鷲山從二〇一五年起，更開設四期教育的阿含期學習課程，展開靈鷲人的快樂大學習，今年的阿含期課程，則從生活面、實踐面貼近眾人的佛法學習，提升眾人學習的內涵。

　　護法會的每一位委員、會員，多年來都抱持著服務、奉獻的心推動靈鷲山的各項弘法志業，無論是世界宗教博物館、水陸法會、禪修推廣、寧靜運動、大悲閉關以及四期教育等等，大家都秉持著觀音菩薩的慈悲精神，以及心道法師傳承佛道、度化眾生的願力，播撒無盡的學佛種子。心道法師也希望在這個社會變遷、人心惶惑不安的年代，所有護法成員都能繼續努力，度眾生的願力永遠不盡，讓正法永住。

二〇一六年護法會培訓課程活動時間表

日期	課程名稱	地點
02/20 ～ 02/21	幹部春季成長營	臺中翔園航太研習園區
03/05 ～ 03/06	授證委員精進營	新北分院、臺南分院
03/12 ～ 03/13	儲委精進營	新北分院、臺南分院
05/14 ～ 05/15	生命關懷精進營	臺北講堂
05/28 ～ 05/29	幹部夏季成長營暨新科委員授證大會	聖山寺善法樓
09/24 ～ 09/25	幹部秋季成長營	臺中2100教育訓練會館
10/01 ～ 10/02	生命關懷精進營	新北分院、臺南分院
10/15 ～ 10/16	儲委精進營	新北分院、臺南分院
11/12 ～ 11/13	幹部冬季成長營	南投日月潭青年活動中心

榮董護持靈鷲山
永續傳承不退轉

↑靈鷲山榮譽董事會於臺南關仔嶺舉辦快樂大學習宗風體驗營。

　　靈鷲山榮譽董事會自一九九三年成立以來，各地榮董皆以無私奉獻的精神支持靈鷲山，成就社會良善的循環。心道法師希望靈鷲山榮董在工作繁忙之際，莫忘發心學佛，把佛法的美好與智慧，推廣給身旁周遭的親友，連結善緣，建立人間華嚴淨土。

　　今年靈鷲山特別為榮董們安排了慈悲與禪——宗風體驗營、四期教育阿含期初階營隊，以及快樂生活禪體驗營等一系列教育課程，以「認識靈鷲山宗風」、「觀音傳承與大悲十心」、「宗風實踐」為主題，讓榮董能更深入了解並實踐靈鷲山的宗風傳承，以及成佛之道。希望榮董們在學習四期教育時，能將佛法落實到生活當中，與願力產生連結，發揮其社會上的影響力。

　　年初的南臺灣震災，臺南分院榮董亦舉辦「榮董聯誼賑災供燈祈福大

會」，祈求諸佛菩薩護佑震災亡者。在活動圓滿之際，更捐贈百萬善款。體現榮董不僅專注於四期教育的學習，也不忘心道法師開示「生命服務生命，生命奉獻生命」的實踐。

心道法師在十月的新科榮董授證大會上期勉大家，一起學習善業，一起走觀音菩薩的路。學習良性的互動與循環，未來持續精進修學，開啟大智慧，共同成就佛道。

榮董年度課程與活動表

日期	課程與活動名稱	地點
02/10	榮董新春團拜與師有約	無生道場
02/14	榮董聯誼賑災供燈祈福大會	臺南分院
05/08 10/01	榮董快樂大學習宗風體驗營　北部 榮董快樂大學習宗風體驗營　南部	苗栗巧克力雲莊 臺南關子嶺
06/17～06/19 10/14～10/16	榮董四期教育營隊（阿含期上學期） 「初轉之法」 榮董四期教育課程（阿含期下學期）	貢寮莫瑞納海灣會館 苗栗巧克力雲莊
08/07	榮譽董事聯誼會	桃園水陸法會
09/03～09/04	榮董菁英平安禪	無生道場
10/08	二〇一六新科榮董授證暨 球榮董秋季聯誼感恩晚宴	福容飯店
11/18～12/04	榮董華嚴捻香祈福	靈鷲山下院聖山寺

慧命成長學院課程
快樂學習 福慧雙修

↑慧命成長學院「經典開門・智慧列車」系列講座，禮請恆傳法師為學員講授《觀世音菩薩普門品》。

靈鷲山慧命成長學院開設的課程，以「快樂學習、智慧開門」的理念，透過快樂的進修，讓學員得到佛法的滋養。二〇一六年以「法供養、心靈淨化」的開課方向，規劃多元的學習課程，期盼將佛法落實在生活中，淨化大眾心靈。

今年佛學課程有「阿含期初階課程《初轉法輪經》」、「093禪一下」、「《大方廣佛華嚴經・淨行品》專題課程」，以及「經典開門・智慧列車」系列課程，另外還有《法華經》、《地藏經》、《藥師經》、《佛說阿彌陀經》、《普賢行願品》、《普門品》、《水陸儀軌》等課程。課程教授以淺顯易懂的語言說明，讓學員不但容易理解，且能清楚明白佛法的法教與智慧。世學類的課程則有喚醒內在感官世界的「香藥茶道學」，以及邀請業界達人主講的「立體閱讀心之道講座」，藉由講師的經驗與生命故事，喚醒我們的內在，找到心的道路。此外，還有促進親子關係的「慧命大悲皂」教育推廣課程，透過這

↑慧命成長學院開設「我的諮商人生」課程，由范瑞榮老師為學員分享生命故事。

些體驗課程,達到身心靈的清淨與自在。

　　心道法師開示:「我們要回到重新的學習,學習轉換出更大的視野與心量,才能因應這個世代。」讓我們一同學習、找回自己、超越時代,一起從學習中沉澱淨化,回歸生命的大學習。

慧命成長學院年度系列活動 / 佛學類

主題	日期	課程名稱	講師
四期教育	01/06～03/02 (每週三,共八堂)	阿含期初階課程 《初轉法輪經》	了意法師
	01/08～03/04 (每週五,共八堂)	093禪一下	寶髻法師
	03/09～05/04 (每週三,共九堂)	《大方廣佛華嚴經‧淨行品》	李姄珊居士
「經典開門‧智慧列車」系列課程	01/16	《普賢行願品》	了意法師
	03/19	《一切如來心祕密 全身舍利寶篋印陀羅尼經》	郭祐孟老師
	04/09	《金山御製梁皇寶懺》	清如法師
	05/07	《水陸儀軌》(上)	常存法師
	06/18	《水陸儀軌》(下)	澄觀法師
	07/16	《佛說阿彌陀經》	清如法師
	08/20	《地藏菩薩本願經》	顯月法師
	10/15	《觀世音菩薩普門品》	恆傳法師
	11/05	《藥師如來本願功德經》	郭祐孟老師
	11/19	《大乘妙法蓮華經》	了意法師

慧命成長學院年度系列活動 / 世學類

主題	日期	課程名稱	講師
生活課程	03/01〜04/26 （每週二，共八堂）	香藥茶道學	林淑子老師
立體閱讀心之道講座	09/03	我的藝術人生	郭祐孟老師
	10/22	我的茶禪人生	游添福老師
	11/26	我的教育人生	蕭慧英老師
	12/17	我的諮商人生	范瑞榮老師
教育推廣課程	6/14〜12/20 （共十堂）	大悲皂共製	李昌祐老師 徐楹老師

靈鷲山國際青年團
哈佛族以熱情推動和平

↑ 在臺灣舉辦的靈鷲山國際青年哈佛營學員們經由學習佛門行儀、三好五德等，體會佛法安定人心的力量，人人法喜充滿。

鷲山國際青年團是全球青年學佛的共同平臺，肩負著散播善種子的使命，對象不僅是年輕人，更希望能向下扎根，在青少年、兒童身上種下佛法的善種子，讓我們的下一代都能成為正面、積極、樂觀、推動愛與和平的使者。

今年年初，青年團在無生道場舉辦「第十六屆青年佛門探索營」，帶領學員進行寺院修行體驗。第四屆國際哈佛青年營則分別於馬來西亞吉隆坡、靈鷲山下院聖山寺兩地盛大舉辦，有來自臺灣、中國、泰國及馬來西亞等青年學子參加，期盼透過匯集全球優秀青年，共同傳揚佛法善念，以及靈鷲山愛地球、愛和平的理念與三好五德的生活價值。

哈佛青年營的課程內容包括：佛門行儀、三好五德、以心見心、五蘊皆空、非常時刻等等，每一堂課都精采有趣，不但能加深對佛法的了解，更能體會佛法在生活中帶來的力量。成員們在活動中用心交流，例如「以心見心」課

157

程活動，透過分組遊戲讓學員彼此交流真心，建立可貴的信任感。

營隊核心精神則是「三好五德」，三好就是口說好話、身行好事、心懷善念，五德則是正面、積極、樂觀、愛心、願力，營隊活動將公益活動連結三好五德，希望為社會傳遞一份正向的力量。

國際青年團也於水陸法會期間舉辦「與師有約」活動，透過與青年團導師心道法師面對面的接觸，深入了解心道法師推動和平志業的理念，更藉由青年的熱情與活力，讓這份對地球、人類的關懷更為世人所認知，並進一步來一起付諸行動。

青年是時代的希望，也是佛法傳承的力量，為了讓佛法向下紮根，讓佛法常住，靈鷲山每年暑假兒童學佛營也在青年團精心策劃下，讓兒童在快樂學習中播下佛法的種子。心道法師期勉青年團：「學佛就是把佛法散播給許多沒有辦法得到快樂的人，希望他們聽聞佛法之後都能夠快樂，也為找不到生命目標的人，指引他們找到生命的方向。」希望青年團成員一起發願，當一位三好五德的和平使者，接引更多年輕人同來學習佛法。

↑ 靈鷲山國際青年團成員個個都是積極樂觀的和平使者。

靈鷲山國際青年團年度系列活動

日期	活動名稱	地點
01/27 ~ 01/31	第十六屆青年佛門探索營	靈鷲山無生道場
04/30 ~ 05/02	第四屆國際青年哈佛營	馬來西亞吉隆坡
05/21 ~ 05/22	「營的力量」系列課程（一）	慧命教室
06/25 ~ 06/26	「營的力量」系列課程（二）	慧命教室
07/08 ~ 07/10	兒童快樂學佛營	新北分院、臺南分院
07/15 ~ 07/17	第四屆國際青年哈佛營	靈鷲山下院聖山寺
07/24	巴生禪風義掃活動	馬來西亞吉隆坡
08/04	青年團與師有約	桃園巨蛋水陸會場
10/29 ~ 10/30	「營的力量」系列課程（三）	慧命教室
12/16 ~ 12/18	第四屆青少年快樂學佛營	靈鷲山柔佛中心

↑在馬來西亞舉辦的靈鷲山國際青年哈佛營，透過各種精心安排的活動課程，培養青年積極正向的態度。

讓心寧靜下來
心寧靜運動推廣與教師研習營

↑心道法師為心寧靜教師研習營成員開示勉勵。

　　心寧靜教師研習營自二〇一〇年發展至今，如同蒲公英的種子般傳播各地，被嘉惠的學子不計其數。教師團成員來自四面八方，具有不同特質，卻同樣發心、無私奉獻，使得校園寧靜運動成果豐碩。

　　心寧靜教師團在臺灣中小學推廣校園寧靜運動，不僅獲得教師的肯定，對於學生在學習上、情緒安定上也發揮顯著效果。今年心寧靜運動更首度推廣到海外，十一月時，馬來西亞檳城菩提獨立中學校方將鐘聲換成「一分鐘平安禪」口訣，期盼師生都能專心寧靜，釋放壓力，讓生命有更美好的改變。

　　二〇一六年「心寧靜教師團」持續邀請全臺各級學校教師來到靈鷲山參加

教師研習營，這些教師成為了在各中小學校推廣「一分鐘平安禪」的種子部隊。教師研習營在課程中讓團員分享個人在學校或家庭中，推動心寧靜的教學經驗，鼓勵新緣熟練心寧靜。再透過研討教案設計及實際演練，解決學員在心寧靜教學過程中面臨的問題，提升學員信心。當孩子能夠自主管理情緒，學習效率提高，無形中也養成尊師重道的態度，使校園氣氛更為祥和，這份生命禮物，是靈鷲山致力推動生命教育的目的。

心道法師說：「這是一個強調個人自由意識的時代，在這樣的狀況下，現代人更渴望一份生命的和諧與寧靜。透過寧靜運動、一分鐘平安禪，找到我們心靈的和諧，再慢慢擴展到地球的和諧，由內到外，共同愛護地球，一起推動多元共生、相依共存的世界。」

心寧靜年度課程系列活動表

日期	活動名稱	地點
01 ～ 12	心寧靜校園推廣教學	校園推廣
01/24 ～ 01/26	全球心寧靜教師團三日進階師資培訓	無生道場
03/26	「心寧靜——做情緒的主人」 單日教師研習	慧命教室
06/18	「心寧靜——做情緒的主人」 單日教師研習	慧命教室
07/21 ～ 07/23	第十一期【心寧靜——情緒管理教學】 三日教師研習營	無生道場
08/13 ～ 08/14	全球心寧靜教師團二日進階師資培訓暨 團員大會	無生道場
10/01	「心寧靜——做情緒的主人」 單日教師研習	慧命教室
11/05 ～ 11/06	全球心寧靜教師團二日進階師資培訓	無生道場
12/10	「心寧靜——做情緒的主人」 單日教師研習	慧命教室

愛心無國界 慈悲無距離
靈鷲山慈善救援實錄

↑靈鷲山志工為尼伯特風災災區臺東聖母醫院健康農莊及東海國中清理家園。

　　靈鷲山心道法師一向致力於博愛與和平的推展，四眾弟子跟隨心道法師的觀音法教，效法觀音菩薩救苦救難的精神，在這無常的世間，發願成為觀世音菩薩的化身，讓利他成為眾生的核心思想。

　　今年的農曆小年夜原本應是闔家歡欣團聚的日子，臺灣南部卻發生了芮氏規模6.4級的強震，造成一百一十七人死亡、五百五十人受傷，心道法師立即指示靈鷲山慈善基金會捐助善款，並協助鄉親重建家園，透過志工的關懷，幫助撫平受災家屬情緒。七月初時，臺東地區因尼伯特颱風過境，強烈的暴風造成

多處的殘破瓦礫和倒樹，臺東聖母醫院健康農莊也受損嚴重，靈鷲山志工團師兄師姐發揮愛心，協助農莊及東海國中等清理環境。

心道法師時常向四眾弟子開示：「愛心沒有國界，慈悲沒有距離；哪裡有災難，哪裡就有靈鷲山。」五月加拿大亞伯達省發生森林火災，時逢靈鷲山「大悲閉關21」法會，所有閉關者即將大悲閉關第一梯次五十萬遍〈大悲咒〉持咒遍數，迴向於此次災難。八月緬甸發生洪患，靈鷲山也立即籌組醫療團，以醫療專業與愛心幫助災民，給予民眾協助。

心道法師開示：「地球與我們是共同的生命體，我們首先要做的就是藉由宗教慈悲的力量，將菩提心轉換成愛地球、愛和平的理念，以實際行動造福地球，每一個眾生的受苦、包括地球的受苦，我們都應該去關懷、重視。」

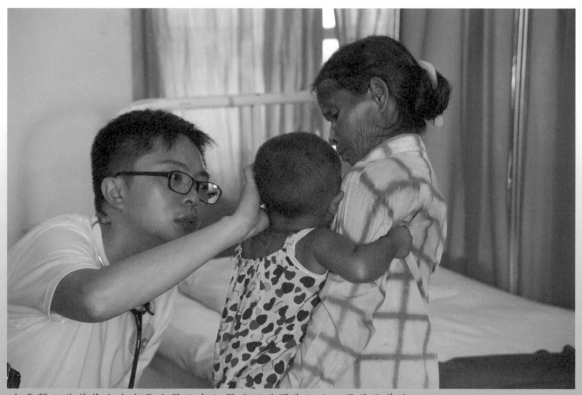

↑靈鷲山慈善基金會與長庚醫院合組醫療服務團為緬北山區居民義診。

二〇一六年靈鷲山慈善救援行動記錄

月份	事件	救援行動	執行單位
二月	南臺灣發生芮氏規模6.4級地震	一、《藥師經》、兩百萬遍〈大悲咒〉迴向 二、捐助臺南市政府社會局一百萬元。 三、供燈祝禱及為強震受災者設立公益牌位。 四、參與臺南市政府舉辦之「0206臺南震災罹難者聯合奠祭暨追思會」，為罹難者祝禱。	靈鷲山慈善基金會
三月	尼泊爾震災滿一週年	一、在Sankhu地區安裝水過濾系統，並在社區展開管線連接及安裝濾清器廠建築工事。 二、在Bungamati地區製作太陽能路燈裝置。	靈鷲山慈善基金會與尼泊爾佛教協會合作
三月	清明法會及敬老關懷活動	捐贈近三千斤白米。	靈鷲山基隆講堂
五月	加拿大亞伯達省發生森林火災	將大悲閉關第一梯次五十萬遍的持咒遍數迴向本次災難。	靈鷲山總本山
七月	臺東尼伯特風災	一、捐贈五千斤白米等民生物資。 二、協助清理受損嚴重的臺東聖母醫院健康農莊、東海國中校區。	靈鷲山慈善基金會、靈鷲山全臺各地區志工團
八月	緬甸弄曼沙彌學院沙彌健檢及義診	一、募集藥品與適合孩童的軟毛牙刷等物資。 二、身體健檢，針對身高、體重、眼睛等基本項目進行記錄。 三、宣導正確的衛教知識。	靈鷲山慈善基金會與蔡瑞頒診所合作
十月	送愛到緬甸醫療義診團	提供緬甸臘戌弄曼村、弄曼大善園寺沙彌學院、曼殊寺院等地區義診。	靈鷲山慈善基金會與長庚醫院醫護人員

年表
2016

日期	活動摘要
01 ~ 12	靈鷲山慧命成長學院於全臺講堂分別定期開設禪修課程，包括「平安禪基礎八堂課」及「平安禪進階禪訓一」。每週二於基隆講堂、臺北講堂、新莊中港中心與桃園講堂開設「平安禪基礎八堂課」；每週四於新營共修處及蘭陽講堂分別開設「平安禪基礎八堂課」；每週二於樹林中心開設「平安禪進階禪訓一」；每週四於臺南分院開設「平安禪進階禪訓一」。
01 ~ 12	靈鷲山全臺講堂分別定期舉辦禪修活動，包括「一日禪」、「戶外禪」、「二日禪」及「每週共修」等。基隆講堂、臺北講堂、樹林中心、桃園講堂與蘭陽講堂於每週二舉辦「禪坐共修」；臺中講堂與高屏講堂於每週五舉辦「禪坐共修」。
01	靈鷲山般若文教基金會附設出版社般若書坊——「我的佛法雲端書庫」正式上線。
01	《靈鷲山2015弘法紀要》出版。
01/02	靈鷲山香港講堂啟建「慈悲三昧水懺法會」。
01/03	靈鷲山樹林中心與蘭陽講堂分別舉辦「百萬大悲咒共修」。
01/05	直貢噶舉傳承四大法王之一的直貢澈贊法王第三度造訪靈鷲山無生道場拜會心道法師，並為全山僧眾開示大手印心要。
01/06 ~ 03/02	靈鷲山慧命成長學院於每週三開設「阿含期初階課程《初轉法輪經》白天班」，禮請靈鷲山首座了意法師及靈鷲山法師授課。
01/08 ~ 03/04	靈鷲山慧命成長學院每週五開設「093禪一下」課程。
01/08	靈鷲山嘉義中心舉辦「百萬大悲咒共修」。
01/09	靈鷲山無生道場於苗栗向天湖舉辦道場志工聯誼。
01/09	靈鷲山慈善基金會於輔仁大學國璽樓國際會議廳舉辦「第十三屆新北市普仁獎頒獎典禮」。
01/09 ~ 03/20	世界宗教博物館舉辦「流轉・再生——紙纖維藝術雙年展」。
01/09	世界宗教博物館舉辦「彩虹女巫說故事——《白色驚喜》」。
01/09 ~ 01/23	靈鷲山臺南分院每週六舉辦「百萬大悲咒共修」。
01/09	靈鷲山基隆講堂與高屏講堂分別舉辦「百萬大悲咒共修」。
01/10	靈鷲山護法會新北市A區及基隆講堂分別舉辦志工感恩聯誼會，心道法師親臨新北市分院及基隆講堂為弟子開示。
01/10	靈鷲山護法會臺北市A區於苗栗縣泰安鄉騰龍溫泉山莊舉辦二〇一五歲末感恩聯誼。
01/10	靈鷲山慈善基金會於新竹縣體育場舉辦「新竹地區普仁獎頒獎典禮」。
01/10	靈鷲山慈善基金會於臺中市政府舉辦「臺中地區普仁獎頒獎典禮」。
01/10	靈鷲山慈善基金會於香格里拉臺南遠東國際大飯店舉辦「臺南地區普仁獎頒獎典禮」。
01/10	靈鷲山慈善基金會於新營共修處舉辦「普仁獎頒獎典禮」。
01/10	世界宗教博物館舉辦「流轉・再生——紙纖維藝術雙年展」教育活動：「藝術家零距離工作坊——時間的痕跡・立體纖維創作」。
01/15	靈鷲山下院聖山寺於臘八節前夕舉辦「靈鷲山臘八粥・送鄉里迎平安」活動，發放臘八粥與貢寮、雙溪地方居民結緣。

壹

月

01/15	世界宗教博物館舉辦「流轉‧再生──紙纖維藝術雙年展」教育活動：「藝術家零距離工作坊──手感紙漿畫‧平面纖維創作」。	
01/16 ～ 01/17	靈鷲山無生道場舉辦「雲水禪法工培訓營」。	
01/16	靈鷲山慧命成長學院開設二〇一六「經典開門‧智慧列車」課程，禮請靈鷲山首座了意法師講授《大方廣佛華嚴經‧普賢行願品》。	
01/16	靈鷲山基隆講堂與蘭陽講堂分別舉辦「朝禮靈鷲聖山」活動。	
01/17	靈鷲山護法會高屏A區舉辦歲末聯誼，心道法師親臨現場為弟子開示。	
01/17	靈鷲山慈善基金會於臺北講堂舉辦「臺北市地區普仁獎頒獎典禮」。	
01/17	靈鷲山慈善基金會於桃園講堂舉辦「桃園地區普仁獎頒獎典禮」。	
01/17	靈鷲山慈善基金會於臺灣中油股份有限公司人力資源處訓練所舉辦「嘉義地區普仁獎頒獎典禮」。	
01/17	靈鷲山慈善基金會於蘭陽講堂舉辦「宜蘭地區普仁獎頒獎典禮」。	
01/17	靈鷲山新北市分院舉辦「一日禪（戶外禪）」。	
01/17	靈鷲山基隆講堂舉辦「一日禪」。	
01/18	福智僧團禪聞法師及慈心有機農業發展基金會董事長賴錫源來山拜會心道法師。	
01/18	二〇一五靈鷲山員工歲末感恩聯誼茶會於靈鷲山下院聖山寺金佛園區舉行。	
01/19	靈鷲山慈善基金會於連江縣議會舉辦「第四屆連江地區普仁獎頒獎典禮」。	
01/20	靈鷲山臺中講堂舉辦歲末聯誼。	
01/23	靈鷲山護法總會於下院聖山寺金佛園區舉辦全國委員歲末感恩聯誼。	
01/23	靈鷲山慈善基金會於國立教育廣播電臺花蓮分臺舉辦「花蓮地區普仁獎頒獎典禮」。	
01/23	世界宗教博物館舉辦「彩虹女巫說故事──《大象艾瑪》」。	
01/23	靈鷲山吉隆坡中心舉辦歲末聯誼。	
01/24 ～ 01/27	靈鷲山心寧靜教師團於無生道場舉辦「禪修教師營」。	
01/24	靈鷲山新莊中港中心舉辦獨居老人歲末聯誼。	
01/24	靈鷲山臺中講堂舉辦「百萬大悲咒共修」。	
01/24	靈鷲山新營共修處舉辦歲末聯誼。	
01/24	靈鷲山紐約道場啟建「慈悲三昧水懺法會」。	
01/27 ～ 01/31	「第十六屆青年佛門探索營」於無生道場舉行。	
01/27	靈鷲山花蓮共修處舉辦歲末感恩聯誼，心道法師親臨現場為弟子開示。	
01/30	靈鷲山慈善基金會於高雄市左營區龍華國中舉辦「高屏地區普仁獎頒獎典禮」。	
01/30	靈鷲山樹林中心舉行「落成開光祈福大典」，恭請心道法師親臨主法並開示。	
01/31	靈鷲山慈善基金會於臺東縣社會福利館舉辦「臺東地區普仁獎頒獎典禮」。	
01/31	靈鷲山樹林中心啟建「千佛洪名寶懺祈福法會」。	

壹 月

	02/02～02/23	靈鷲山臺北講堂每週二開設「養身氣功班」課程。
	02/02～02/16	靈鷲山中壢中心每隔週二舉辦《大方廣佛華嚴經・普賢行願品》共修。
	02/02～02/23	靈鷲山高屏講堂每週二開設「書法抄經班」課程。
	02/02、02/23	靈鷲山嘉義中心開設「瑜伽班」課程。
	02/02、02/23	靈鷲山蘭陽講堂舉辦「平安禪暨經典共修」、「梵唄」課程。
	02/03～03/31	世界宗教博物館與中國大足石刻研究院共同舉辦「世界文化遺產——重慶大足石刻」特展，另同步於靈鷲山下院聖山寺舉辦「蓮花觀音燈展」、於宜蘭冬山河親水公園舉辦「大足石刻彩燈展演」活動，並推出「三好行巴士」往返各展區。
	02/03～02/24	靈鷲山基隆講堂每週三舉辦「《大乘妙法蓮華經》共修」及開設「書法班」課程。
	02/03～02/24	靈鷲山臺北講堂每週三開設「經脈導引班」課程。
	02/03～02/24	靈鷲山臺中講堂每週三舉辦「經典共修」。
	02/03～02/17	靈鷲山高屏講堂每週三舉辦「經典共修」。
	02/04～02/18	靈鷲山臺東中心每週四舉辦「《藥師琉璃光如來本願功德經》經典共修」。
貳	02/05～02/26	靈鷲山臺南分院每週五舉辦「幸福家庭讀書會」。
	02/05～02/26	靈鷲山新竹共修處每週四舉辦「經典共修」。
	02/06	南臺灣發生芮氏規模6.4大地震，心道法師立即指示靈鷲山慈善基金會捐助臺南市政府社會局一百萬元，協助受創最嚴重的臺南地區進行緊急搜救及災民收容安置。
	02/06～02/29	南臺灣強震，靈鷲山呼籲大眾共同持誦〈大悲咒〉，祈願生者平安、亡者安息。
月	02/06～02/27	靈鷲山臺南分院每週六舉辦「親子溫馨共禪悅」活動。
	02/06～02/27	靈鷲山新營共修處每週六舉辦「百萬大悲咒共修」。
	02/06	靈鷲山香港講堂啟建「慈悲三昧水懺法會」。
	02/07	靈鷲山除夕圍爐守歲之夜於下院聖山寺金佛園區舉行，心道法師帶領四眾弟子以「心寧靜一分禪」為南臺灣地震受災民眾祈福。
	02/07	靈鷲山臺南分院於除夕晚間啟建「新春祈福暨八十八佛洪名寶懺共修法會」，為南臺灣強震受難者祈禱迴向。
	02/07	靈鷲山高屏講堂舉辦「除夕插頭香」活動。
	02/07	靈鷲山泰國講堂啟建「新春法會」。
	02/08～02/14	靈鷲山初一到初七分別於上院無生道場及下院聖山寺金佛園區舉行多項新春活動，包括心道法師開示加持、新春團拜、迎財神及「藏傳財神法會」等。
	02/08～02/12	靈鷲山於下院聖山寺金佛園區啟建「新春祈福法會」。
	02/08	靈鷲山臺南分院與新營共修處分別舉辦「新春迎財神暨佛供」。
	02/08、02/22	靈鷲山臺北講堂、新莊中港中心、嘉義中心、高屏講堂、花蓮共修處與蘭陽講堂分別於初一、十五舉辦佛供，包括「千燈供佛法會」，「《妙法蓮華經・觀世音菩薩普門品》暨〈大悲咒〉共修」、「《金剛般若波羅蜜經》共修」。

貳月	02/08	靈鷲山嘉義中心啟建「大悲寰宇暨新春財神法會」。
	02/08、02/26	靈鷲山嘉義中心舉辦「大悲咒共修」。
	02/08	靈鷲山蘭陽講堂舉辦「百萬悲願暨禪修」活動。
	02/08〜02/10	靈鷲山紐約道場啟建「法華法會」。
	02/10〜02/11	靈鷲山臺南分院與新營共修處分別舉辦「新春回山與師有約」。
	02/11〜02/15	靈鷲山桃園講堂啟建「梁皇寶懺瑜伽焰口暨浴財神法會」，並為南臺灣強震受災者設立公益牌位，為傷者消災、為亡者超度。
	02/11	靈鷲山臺中講堂舉辦「大悲咒共修」。
	02/11〜02/15	靈鷲山臺東中心每隔週四舉辦「《妙法蓮華經‧觀世音菩薩普門品》暨〈大悲咒〉共修」。
	02/13	世界宗教博物館舉辦「彩虹女巫說故事——《十四隻老鼠和捕鼠先生》」。
	02/13	靈鷲山臺南分院執事法師帶領信眾前往臺南市立殯儀館，為南臺灣震災受難者誦經祈福。
	02/13	靈鷲山新莊中港中心舉辦「提鐵桶回山建聖山」活動。
	02/13	靈鷲山新營共修處舉辦「《藥師琉璃光如來本願功德經》與〈大悲咒〉共修」，迴向南臺灣震災亡者靈安、生者心安。
	02/13	靈鷲山高屏講堂舉辦「百萬大悲咒共修」。
	02/14	尼泊爾醫療基金會Joy Foundation Nepal董事等人來山拜會心道法師。
	02/14	靈鷲山臺南區榮譽董事聯誼會舉辦「榮董聯誼賑災供燈祈福大會」，為南臺灣地震亡者、災民及救護人員供燈祈福。
	02/14、02/21	世界宗教博物館舉辦「流轉‧再生——紙纖維藝術雙年展」教育活動：「假日親子工作坊——自然纖維掛飾DIY」。
	02/14	靈鷲山臺南分院與基隆講堂分別舉辦「百萬大悲咒共修」。
	02/14〜02/28	靈鷲山臺南分院每隔週日開設「假日功法班」。
	02/14	靈鷲山蘭陽講堂啟建「新春祈福法會」。
	02/15	梵諦岡天主教廷樞機主教Bishop Thomas Manwel Dabre來山拜會心道法師，並致贈象徵天主教最高敬意的「聖保祿金鑰」。
	02/15	靈鷲山臺南分院舉辦「新春齋天祈福暨百萬大悲咒共修」。
	02/15	靈鷲山基隆講堂開設「誦戒會」課程。
	02/17〜02/24	靈鷲山新莊中港中心每週三舉辦「平安禪暨經典共修」，並開設「歡喜小菩薩班」課程。
	02/18	中國雲南西雙版納舉辦首屆「南傳佛教高峰論壇」，心道法師特別錄製致詞影片祝福論壇圓滿，並由總本山監院懇慧法師代表出席。
	02/19	靈鷲山慈善基金會舉辦地區普仁獎檢討會。
	02/19	第一屆「亞太宗教自由論壇」大會主席——前副總統呂秀蓮女士，帶領九十多位與會貴賓參訪世界宗教博物館，親身感受各宗教和平共處的正能量。
	02/20〜02/21	靈鷲山護法總會於臺中翔園航太研習園區舉辦「幹部春季成長營」。

	02/20	世界宗教博物館舉辦「世界文化遺產——重慶大足石刻」特展教育活動：「解構大足」，邀請中國文化大學史學系教授陳清香主講「大足寶頂山石窟的崖雕特色」。
	02/20	靈鷲山基隆講堂舉辦「朝禮靈鷲聖山」活動。
	02/20	靈鷲山臺東中心舉辦「一日禪」。
	02/21	靈鷲山基隆講堂舉辦「一日禪」。
	02/21	靈鷲山桃園講堂舉辦「創意人生．與您一起」親子活動。
	02/22～02/29	靈鷲山新北市分院每週一舉辦「平安禪．九分禪」活動及「經典共修」。
	02/22～02/29	靈鷲山桃園講堂每週一開設「敦煌舞」課程。
	02/23	靈鷲山中壢中心舉辦「《佛說阿彌陀經》共修」。
	02/23	靈鷲山上海明心讀書會舉辦「慈悲與禪春祈會」。
貳 月	02/24～02/28	心道法師受韓國首爾參佛院院長覺山法師邀請，參與「第三屆世界禪修大會」，與泰國禪修大師Ajahn Chah（阿贊查）大弟子阿贊間夏（Ajahn Ganhah）、西澳洲覺智寺住持阿姜布拉姆（Ajahn Brahm），及韓國忠州釋宗寺禪院院長慧國法師，於韓國江原道帶領全球上千名禪修人士進行五天四夜的禪修體驗。
	02/24	靈鷲山桃園講堂開設「敦煌舞」初階課程。
	02/24～02/28	靈鷲山高屏講堂啟建「梁皇寶懺暨五大士焰口法會」。
	02/25	靈鷲山樹林中心舉辦「百萬大悲咒共修」。
	02/25	靈鷲山桃園講堂舉辦「《佛說阿彌陀經》共修」。
	02/27	世界宗教博物館舉辦「世界文化遺產——重慶大足石刻」特展教育活動：「解構大足」，邀請臺北藝術大學名譽教授林保堯主講「北宋大中祥符四年七寶阿育王塔在臺巡展漣漪」。
	02/27	世界宗教博物館舉辦「彩虹女巫說故事——《我要變得更漂亮》」。
	02/27	靈鷲山新北市分院、新莊中港中心、桃園講堂與中壢中心分別舉辦「大悲咒共修」。
	02/27	靈鷲山臺南分院參與臺南市政府於臺南市立體育場舉辦之「0206臺南震災罹難者聯合奠祭暨追思會」。
	02/27	靈鷲山桃園講堂於新竹縣北埔鄉麻布山林舉辦「一日禪（戶外禪）」。
	02/27	靈鷲山蘭陽講堂啟建「新春祈福法會」。
	02/28	世界宗教博物館舉辦「世界文化遺產——重慶大足石刻」特展教育活動：「解構大足」，邀請鹿野苑藝文學會會長吳文成主講「中國石窟藝術欣賞」。
	02/28	靈鷲山樹林中心舉辦「一日禪」。
	02/29	靈鷲山新營共修處舉辦「回山齋僧」。
參 月	03	尼泊爾世紀大震屆滿一年，靈鷲山慈善基金會與尼泊爾佛教協會合作，於Bungamati及Sankhu兩地設置太陽能路燈及水過濾系統，造福兩地數千村民。
	03/01～04/26	靈鷲山慧命成長學院每週二開設「香藥茶道學」課程，邀請林淑子老師授課。
	03/01～04/15	世界宗教博物館於臺南大學文薈樓舉辦「生命之河——臺灣生命教育的軌跡」巡迴展。
	03/01～03/29	靈鷲山新北市分院、基隆講堂與臺北講堂分別於每週二舉辦「禪坐共修」。

	03/01 ～ 03/29	靈鷲山臺北講堂每週二開設「養身氣功班」課程。
	03/01 ～ 03/22	靈鷲山中壢中心每週二舉辦「《大方廣佛華嚴經‧普賢行願品》共修」。
	03/01 ～ 03/29	靈鷲山嘉義中心每週二開設「瑜伽班」課程。
	03/01 ～ 03/29	靈鷲山高屏講堂每週二開設「書法抄經班」課程。
	03/01 ～ 03/29	靈鷲山蘭陽講堂每週二舉辦「平安禪暨經典共修」、「梵唄」課程。
	03/02 ～ 03/30	靈鷲山基隆講堂每週三舉辦「《大乘妙法蓮華經》共修與書法班」課程。
	03/02 ～ 03/30	靈鷲山臺北講堂每週三開設「經脈導引班」課程。
	03/02 ～ 03/30	靈鷲山新莊中港中心每三週開設「歡喜小菩薩班」課程與「平安禪暨經典共修」。
	03/02 ～ 03/30	靈鷲山桃園講堂每週三開設「敦煌舞」初階課程。
	03/02 ～ 03/30	靈鷲山臺中講堂與高屏講堂分別於每週三舉辦「經典共修」。
參	03/03	世界宗教博物館舉辦二〇一六「世界宗教新春和平祈福會」。
	03/03 ～ 03/31	靈鷲山樹林中心每週四舉辦「百萬大悲咒共修」。
	03/03 ～ 03/24	靈鷲山桃園講堂每週四舉辦「《大方廣佛華嚴經‧普賢行願品》共修」。
	03/03 ～ 03/31	靈鷲山中壢中心每週四開設「禪修課程」。
	03/03 ～ 03/31	靈鷲山中壢中心每週一、三、四、六分別開設「敦煌舞」課程。
	03/03 ～ 03/31	靈鷲山新竹共修處每週四舉辦「禪修共修」。
月	03/03 ～ 03/31	靈鷲山臺東中心每隔週四舉辦「《藥師琉璃光如來本願功德經》共修」。
	03/04	靈鷲山慈善基金會與靈鷲山臺南分院聯合致贈一百萬元予臺南市政府，協助震災受災戶。
	03/04 ～ 03/11	世界宗教博物館舉辦「流轉‧再生──紙纖維藝術雙年展」教育活動：「羽化：紙纖維集體創作藝術行動」。
	03/04	靈鷲山臺南分院舉辦「幸福家庭讀書會」。
	03/04 ～ 03/25	靈鷲山新竹共修處每週五舉辦「經典共修」。
	03/04 ～ 03/25	靈鷲山臺中講堂、高屏講堂分別於每週五舉辦「禪坐共修」。
	03/05 ～ 03/06	靈鷲山慧命成長學院於嘉義中心開設「平安禪基礎八堂課（密集班）」。
	03/05 ～ 03/06	靈鷲山護法總會舉辦「授證委員精進營」。
	03/05	靈鷲山臺南分院舉辦「親子溫馨共禪悅」活動。
	03/05	靈鷲山慈善基金會於福隆福容飯店舉辦「第六屆全國普仁獎頒獎」，恭請心道法師為得獎學子與親友導覽靈鷲山無生道場。
	03/05	靈鷲山基隆講堂與臺北講堂分別舉辦「一日禪」。
	03/05	靈鷲山桃園講堂、中壢中心與新竹共修處聯合於桃園講堂舉辦「與你一起創意彩繪」活動。
	03/05 ～ 03/26	靈鷲山新營共修處每週六舉辦「百萬大悲咒暨藥師祈福共修」。
	03/05 ～ 03/26	靈鷲山蘭陽講堂每週六舉辦「一日禪」。

	03/05	靈鷲山香港講堂啟建「慈悲三昧水懺法會」。
	03/06	靈鷲山水陸法會第三場先修「大悲觀音度亡圓滿施食法會」於靈鷲山下院聖山寺啟建，心道法師親臨主法。
	03/06	中國江蘇西園寺一行參訪靈鷲山無生道場，由當家常存法師代表接待。
	03/06 ～ 12/18	世界宗教博物館的文化生活館舉辦「二〇一六年健康課程」，邀請涂承恩博士每週日帶領大眾認識身體、增進健康。
	03/06	世界宗教博物館舉辦「世界文化遺產——重慶大足石刻」特展教育活動：「解構大足」，邀請彩繪木質文物與油畫修復師莊竣傑帶領修復工作坊「修護師的工作」實作：油性貼金—陶瓷器皿口沿金箔。
	03/06	靈鷲山臺南分院啟建「慈悲三昧水懺法會」。
	03/06	靈鷲山臺中講堂舉辦「大悲咒共修」。
	03/07 ～ 03/28	靈鷲山新北市分院每週一舉辦「平安禪暨經典共修」。
	03/07 ～ 03/28	靈鷲山基隆講堂每週一開設「太極導引」課程。
	03/07 ～ 03/28	靈鷲山臺北講堂每週一開設「合唱團」課程。
	03/07	靈鷲山樹林中心回山舉辦「齋僧」活動。
參	03/07 ～ 03/28	靈鷲山桃園講堂每週一開設「敦煌舞」課程。
	03/08 ～ 04/25	靈鷲山無生道場舉辦「僧眾春安居閉關」，分別為僧委閉關四十九日，僧眾閉關十七日以及雲水閉關二十一日。
月	03/08 ～ 03/29	靈鷲山臺北講堂與桃園講堂每週二分別舉辦「平安禪共修」。
	03/09 ～ 04/27	靈鷲山慧命成長學院每週三開設「《大方廣佛華嚴經·淨行品》專題課程」，邀請李姒珊居士講授。
	03/09、03/23	靈鷲山臺南分院、臺中講堂、嘉義中心、新營共修處、高屏講堂與花蓮共修處分別於初一、十五舉辦佛前大供，包括啟建「千燈供佛法會」、「《妙法蓮華經·觀世音菩薩普門品》暨〈大悲咒〉共修」，及「《金剛般若波羅蜜經》共修」。
	03/10 ～ 03/24	靈鷲山臺東中心每隔週四舉辦「《妙法蓮華經·觀世音菩薩普門品》暨〈大悲咒〉共修」。
	03/11 ～ 03/13	心道法師接受印度知名靈性導師古儒吉大師（Guruji, Sri Sri Ravi Shankar）邀請，參加「生活的藝術基金會」（AOLF）於印度新德里舉辦的「世界文化節」。心道法師是唯一受邀的宗教大師，並於大會中代表致詞祝禱。
	03/11	靈鷲山嘉義中心舉辦「大悲咒共修」。
	03/11 ～ 04/06	靈鷲山慧命成長學院每週五開設「每天禪一下，生活不會纏——093禪一下」課程。
	03/12 ～ 03/13	靈鷲山護法總會舉辦「儲委精進營」。
	03/12	世界宗教博物館舉辦「羽化——集體創作·藝術行動」作品揭幕茶會。
	03/12	世界宗教博物館舉辦「世界文化遺產——重慶大足石刻」特展教育活動：「解構大足」，邀請玄天上帝研究會首任會長吳永猛主講「大足石刻的保護與修復——千手觀音修復團隊及歷經八年的研究過程」。
	03/12	世界宗教博物館舉辦「世界文化遺產——重慶大足石刻」特展教育活動：「解構大足」，邀請中國文化遺產研究院副院長詹長法主講「大足真武大帝與臺灣真武大帝」。
	03/12	世界宗教博物館舉辦「彩虹女巫說故事——《帕拉帕拉山的妖怪》」。

參 月	03/12	靈鷲山新竹共修處與高屏講堂分別舉辦「大悲咒共修」。
	03/13	世界宗教博物館舉辦「世界文化遺產——重慶大足石刻」特展教育活動:「解構大足」,邀請中國文化遺產研究院副院長詹長法主講「大足石刻的保護與修復——千手觀音修復技巧與方法」。
	03/13 ～ 03/27	靈鷲山臺南分院每週日舉辦「平安假日功法」。
	03/13	靈鷲山基隆講堂舉辦「百萬大悲咒共修」。
	03/13	靈鷲山臺北講堂舉辦「《妙法蓮華經》共修」。
	03/13	靈鷲山臺中講堂啟建「慈悲三昧水懺法會」。
	03/13	靈鷲山蘭陽講堂舉辦「百萬悲願暨禪修活動」。
	03/14	靈鷲山基隆講堂開設「誦戒會課程」。
	03/15 ～ 03/29	靈鷲山樹林中心每週二舉辦「禪坐共修」。
	03/18 ～ 03/25	靈鷲山桃園講堂每週五開設「佛學課程」。
	03/19	靈鷲山慧命成長學院開設二〇一六「經典開門‧智慧列車」課程,邀請國立空中大學郭祐孟老師講授《一切如來心祕密全身舍利寶篋印陀羅尼經》。
	03/19	靈鷲山慈善基金會於新北市蘆洲區鷺江國民小學舉辦「心靈的寒舍——幸福人生座談會」,邀請靈鷲山護法會副總會長暨靈鷲山慈善基金會普仁獎學金執行委員呂碧雪師姐主講。
	03/19	世界宗教博物館舉辦「世界文化遺產——重慶大足石刻」特展教育活動:「解構大足」,邀請彩繪木質文物與油畫修復師莊竣傑帶領修復工作坊「大足石刻千手觀音的保存與修護」實作:裁金刀、裁金墊製作。
	03/19	靈鷲山基隆講堂與新莊中港中心分別舉辦「朝禮靈鷲聖山」活動。
	03/19	靈鷲山臺北講堂舉辦「百萬大悲咒共修」。
	03/20	靈鷲山下院聖山寺舉辦「春季祭典」,並設立公益超度牌位為貢寮福隆地區亡靈超度、為地方消災祈福。
	03/20	靈鷲山國際青年團新北A區青年團開設「決策分析方法」課程。
	03/20	世界宗教博物館舉辦「世界文化遺產——重慶大足石刻」特展教育活動:「解構大足」,邀請彩繪木質文物與油畫修復師莊竣傑帶領修復工作坊「東、西方的貼金工藝及實務操作」實作:西方油性貼金磁磚。
	03/20	靈鷲山桃園講堂舉辦「一日禪」。
	03/20	靈鷲山嘉義中心舉辦「慈悲與禪」活動。
	03/20	靈鷲山新營共修處舉辦「平安半日禪」。
	03/20	靈鷲山蘭陽講堂開設「十圓滿課程」。
	03/25	靈鷲山嘉義中心舉辦「《妙法蓮華經》暨經典共修」。
	03/26 ～ 12/10	靈鷲山慧命成長學院分別於03/26、06/18、09/24及12/10舉辦「做情緒的主人」教師單日研習。
	03/26	世界宗教博物館舉辦「彩虹女巫說故事——《我要吃小孩》」。
	03/26	靈鷲山新北市分院、新莊中港中心、桃園講堂與中壢中心分別舉辦「大悲咒共修」。

參月	03/26	靈鷲山臺中講堂舉辦「朝禮靈鷲聖山」活動。
	03/27	靈鷲山臺南分院與嘉義中心分別舉辦「百萬大悲咒共修」。
	03/27	靈鷲山基隆講堂於基隆市中正區正濱國小體育館舉辦「清明懷恩大法會暨敬老關懷祈福活動」。
	03/27	靈鷲山臺北講堂與樹林中心分別舉辦「朝禮靈鷲聖山」活動。
	03/27	靈鷲山臺中講堂一行回山擔任志工。
	03/29	靈鷲山中壢中心舉辦「《佛說阿彌陀經》共修」。
	03/31	靈鷲山桃園講堂舉辦「《佛說阿彌陀經》共修」。
肆月	04/01 ~ 04/29	靈鷲山臺南分院每週五舉辦「幸福家庭讀書會」。
	04/01 ~ 04/29	靈鷲山新竹共修處每週五舉辦「經典共修」。
	04/01 ~ 04/29	靈鷲山高屏講堂每週三舉辦「經典共修」。
	04/01 ~ 04/29	靈鷲山臺中講堂、高屏講堂於每週五舉辦「平安禪共修」。
	04/01	靈鷲山嘉義中心舉辦「禪修共修」。
	04/02	靈鷲山臺北講堂舉辦「百萬大悲咒共修」。
	04/02 ~ 04/30	靈鷲山中壢中心每週一、三、四、六開設「敦煌舞」課程。
	04/02 ~ 04/30	靈鷲山新營共修處每週六舉辦「百萬大悲咒共修」。
	04/02	靈鷲山新營共修處舉辦「《藥師琉璃光如來本願功德經》暨《妙法蓮華經·觀世音菩薩普門品》共修」。
	04/02	靈鷲山香港講堂啟建「慈悲三昧水懺法會」。
	04/03	靈鷲山蘭陽講堂舉辦「百萬悲願暨禪修」。
	04/04 ~ 04/24	配合僧伽安居四十九日,靈鷲山無生道場舉辦「雲水禪信眾禪關二十一日」。
	04/05 ~ 04/12	靈鷲山慧命成長學院每週二開設「平安禪禪法(禪訓班)」課程。
	04/05 ~ 04/26	靈鷲山新北市分院、基隆講堂及臺北講堂分別於每週二舉辦「平安禪共修」。
	04/05 ~ 04/26	靈鷲山臺北講堂每週二開設「養身氣功班」課程。
	04/05 ~ 04/19	靈鷲山中壢中心每週二舉辦「《大方廣佛華嚴經·普賢行願品》共修」。
	04/05 ~ 04/26	靈鷲山高屏講堂每週二開設「書法抄經班」課程。
	04/05 ~ 04/26	靈鷲山蘭陽講堂每週二開設「梵唄課」課程與「平安禪暨經典共修」。
	04/06 ~ 04/27	靈鷲山基隆講堂每週三開設「書法班」課程與「《大乘妙法蓮華經》經典共修」。
	04/06 ~ 04/27	靈鷲山臺北講堂每週三開設「經脈導引班」課程。
	04/06 ~ 04/27	靈鷲山新莊中港中心每週三舉辦「平安禪暨經典共修」。
	04/06 ~ 04/27	靈鷲山新莊中港中心每週三開設「歡喜小菩薩班」課程。
	04/06 ~ 04/27	靈鷲山桃園講堂每週三開設「敦煌舞(初階)」課程。

	04/06～04/27	靈鷲山臺中講堂、高屏講堂分別於每週三舉辦「經典共修」。
	04/07、04/21	靈鷲山臺北講堂啟建「千燈供佛法會」。
	04/07～04/28	靈鷲山樹林中心於每週四舉辦「百萬大悲咒共修」。
	04/07、04/21	靈鷲山新莊中港中心、臺中講堂、嘉義中心、臺南分院、新營共修處、高屏講堂及花蓮共修處分別舉辦初一、十五燃燈供佛，「《觀世音菩薩普門品》暨大悲咒共修」與佛供。
	04/07	靈鷲山桃園講堂舉辦「堅固道心的十五道牆」活動。
	04/07～04/28	靈鷲山中壢中心、新竹共修處分別於每週四開設「禪修課程」。
	04/07、04/21	靈鷲山臺南分院舉辦「百萬大悲咒共修」。
	04/07～04/21	靈鷲山臺東中心每隔週四舉辦「《妙法蓮華經‧觀世音菩薩普門品》暨〈大悲咒〉共修」。
	04/07、04/21	靈鷲山蘭陽講堂於初一、十五舉辦「《金剛般若波羅蜜經》共修暨佛供」。
	04/08	心道法師親赴中台禪寺悼祭惟覺長老，祈願老和尚乘願再來。
	04/08	靈鷲山嘉義中心舉辦「大悲咒共修」。
肆	04/09	靈鷲山慧命成長學院開設二〇一六「經典開門‧智慧列車」課程，邀請靈鷲山三乘佛學院教授師清如法師講授《金山御製梁皇寶懺》。
	04/09～07/03	世界宗教博物館舉辦「天堂之美在人間──東正教當代聖像蛋彩畫展」，為臺灣首次以當代東正教聖像蛋彩畫為主題的展覽。
	04/09	靈鷲山高屏講堂舉辦「百萬大悲咒共修」。
	04/10	靈鷲山受邀參加由新北市政府於新北市市民廣場舉辦的「第六屆泰國藤球友誼賽暨潑水節」，並恭請富貴金佛至活動現場供民眾浴佛禮讚。
月	04/10	世界宗教博物館舉辦「天堂之美在人間──東正教當代蛋彩聖像畫」特展教育活動，邀請希臘雅典大學助理教授George Kordis教授「聖像畫創作實境──重現蛋彩畫繪畫技法」。
	04/10	世界宗教博物館於宇創廳舉辦「真原醫學知識講座」，由涂承恩老師主講。
	04/10	靈鷲山基隆講堂舉辦「百萬大悲咒共修」。
	04/10	靈鷲山臺中講堂啟建「慈悲三昧水懺法會」。
	04/11	靈鷲山基隆講堂舉辦「誦戒會」。
	04/11～04/25	靈鷲山基隆講堂每週一開設「太極導引課程」。
	04/11～04/25	靈鷲山新北市分院每週一舉辦「經典共修」，並開設「平安禪」課程。
	04/11	靈鷲山樹林中心舉辦「回山齋僧」。
	04/11～04/25	靈鷲山桃園講堂每週一開設「敦煌舞（初階）」課程。
	04/12～04/26	靈鷲山新北市分院每週二開設「花與禪」課程。
	04/12～04/26	靈鷲山桃園講堂每週二舉辦「平安禪共修」。
	04/12～04/26	靈鷲山嘉義中心每週二開設「瑜伽班」課程。
	04/13	來自海峽兩岸的媒體記者一行二十人來山參訪，偶遇心道法師隨機逗教。

04/14	雲南省海外聯誼會會長黃毅先生率領雲南貿易文化教育交流參訪團參觀世界宗教博物館。
04/14 ～ 04/21	靈鷲山桃園講堂每週四舉辦「《大方廣佛華嚴經普賢行願品》共修」。
04/14 ～ 04/28	靈鷲山臺東中心每隔週四舉辦「《藥師琉璃光如來本願功德經》共修」。
04/16	靈鷲山基隆講堂舉辦「朝禮靈鷲聖山」活動。
04/16	靈鷲山臺北講堂啟建「慈悲三昧水懺法會」。
04/16 ～ 04/17	靈鷲山嘉義中心於臺灣中油股份有限公司人力資源處訓練所舉辦「平安禪」。
04/16 ～ 04/17	靈鷲山高屏講堂舉辦「尋根暨朝山之旅」。
04/16 ～ 04/17	靈鷲山花蓮共修處於花蓮海中天民宿舉辦「二日禪」。
04/17	世界宗教博物館於宇創廳舉辦「真原醫學知識講座」，由涂承恩老師主講。
04/17	靈鷲山基隆講堂舉辦「一日禪」。
04/18	中國浙江省舟山市政協副主席陳松菊等一行參訪靈鷲山，心道法師帶領眾人體驗九分禪。
04/18	心道法師指派紐約道場執事廣果法師為代表，參加綠色信仰（Green Faith）組織邀請參與的「跨宗教氣候變遷聲明」簽署呈遞活動，本活動於聯合國總部舉辦，與會各界呼籲大眾共同對抗地球暖化。
04/20	靈鷲山桃園講堂舉辦「一日禪」。
04/23	靈鷲山新北市分院、新莊中港中心、桃園講堂、中壢中心及新竹共修處分別舉辦「大悲咒共修」。
04/23	靈鷲山臺北講堂回山擔任志工。
04/23	靈鷲山蘭陽講堂舉辦「朝禮靈鷲聖山」活動。
04/23	靈鷲山基隆A區護法會舉辦「朝禮靈鷲聖山」活動。
04/24	靈鷲山臺北講堂舉辦「經典共修」。
04/24	靈鷲山樹林中心舉辦「一日禪」。
04/24	靈鷲山臺中講堂舉辦「大悲咒共修」。
04/24	靈鷲山嘉義中心舉辦「《妙法蓮華經》暨經典共修」。
04/26	香港衛視集團副總裁張宗月一行來山參訪並拜會心道法師。
04/26	靈鷲山中壢中心舉辦「《佛說阿彌陀經》共修」。
04/26 ～ 05/01	靈鷲山紐約道場啟建「清明懷恩梁皇寶懺暨瑜伽焰口法會」。
04/28 ～ 04/29	靈鷲山國際青年團於大馬殘奧運動優越中心舉行「國際哈佛青年營幹部訓練」。
04/28	靈鷲山桃園講堂舉辦「《佛說阿彌陀經》共修」。
04/29	靈鷲山國際青年團錄製之青年團團歌MV首度露出。
04/30 ～ 05/21	靈鷲山無生道場啟建「大悲閉關21」。
04/30 ～ 05/02	靈鷲山舉辦「綠色廚藝」廚師培訓課程。
04/30	靈鷲山寂光寺啟建「地藏法會暨瑜伽焰口法會」。

肆

月

肆月	04/30	世界宗教博物館舉辦「天堂之美在人間——東正教當代蛋彩聖像畫」特展教學資源教師研習營，邀請畫家于涓主講「聖像畫的圖像語言與宗教意義：探索畫中的線條及色彩含意」。
	04/30	靈鷲山新北市分院、新莊中港中心分別舉辦「一日禪」。
	04/30	靈鷲山臺北講堂舉辦「美好人生講座——春日聲瑜珈」。
	04/30～05/01	靈鷲山嘉義中心舉辦「朝禮靈鷲聖山暨回山大悲閉關」。
	04/30～05/02	靈鷲山於馬來西亞吉隆坡舉辦「第四屆國際哈佛青年營」。
伍月	05/01	靈鷲山新北市分院啟建「慈悲三昧水懺法會」。
	05/01	靈鷲山高屏講堂舉辦「一日禪」。
	05/03～05/31	靈鷲山基隆講堂、臺北講堂及桃園講堂於每週二分別舉辦「平安禪共修」。
	05/03～05/31	靈鷲山樹林中心每週二舉辦「拜願暨平安禪共修」。
	05/04～05/08	靈鷲山三乘佛學院舉辦「阿含期課程《大念處經》師資培訓」。
	05/04～05/08	靈鷲山臺南分院啟建「梁皇寶懺法會暨母親節祈福白米捐贈活動」。
	05/05～06/23	靈鷲山慧命成長學院於全臺講堂開設「阿含期前行基礎課程」。
	05/06～06/30	靈鷲山於下院聖山寺舉辦「佛腳抱抱暨浴佛孝親報恩」活動，邀請民眾與佛結緣、上山祈福，也歡迎家中有考生的朋友一起參與。
	05/06	香港西方寺開山和尚、香港佛教聯合會榮譽會長永惺老和尚捨報，心道法師聞訊感念永惺長老的德行風範，祈願長老能夠乘願再來、化度娑婆。
	05/06～05/07	靈鷲山臺北講堂舉辦「浴佛節」活動。
	05/06～06/30	靈鷲山下院聖山寺舉辦「浴佛報母恩」活動
	05/06～05/27	靈鷲山臺中講堂、高屏講堂於每週二分別舉辦「平安禪共修」。
	05/06～05/08	靈鷲山蘭陽講堂舉辦「萬佛燈會」。
	05/07	靈鷲山慧命成長學院開設二〇一六「經典開門·智慧列車課程」，禮請常存法師教授「水陸儀軌（上）」。
	05/07	靈鷲山基隆講堂、香港講堂分別啟建「慈悲三昧水懺法會」。
	05/08	靈鷲山於苗栗縣巧克力雲莊舉辦「榮董宗風體驗營」。
	05/08～05/15	靈鷲山於下院聖山寺金佛園區舉辦「浴佛節」活動。
	05/08	靈鷲山桃園講堂啟建「慈悲三昧水懺法會」。
	05/10	世界宗教博物館特別舉辦「聖像畫創作實境——蛋彩畫繪畫技法」，邀請來自希臘雅典大學的George Kordis教授，現場實地繪製與講解。
	05/12	加拿大發生森林火災，適逢「大悲閉關21」活動，心道法師聞訊指示將大悲閉關第一梯次的持咒遍數迴向此次災難。
	05/13～05/15	靈鷲山樹林中心啟建「華嚴懺暨三大士瑜伽焰口法會」。
	05/14	靈鷲山無生道場舉辦「禪法工培訓營」。

	05/14 ～ 05/15	靈鷲山護法會於臺北講堂舉行「生命關懷精進營」。
	05/14 ～ 05/16	佛光山佛學院慶祝五十週年，適逢關期的心道法師，特派遣靈鷲山法師表達對佛光山的祝福以對星雲大師當年的培育之恩。
	05/15	靈鷲山新莊中港中心、新竹共修處及臺中講堂分別啟建「慈悲三昧水懺法會」。
	05/15	靈鷲山桃園講堂舉辦「一日禪」。
	05/16 ～ 6/30	靈鷲山下院聖山寺舉辦「考生佛腳抱抱」活動。
	05/19	靈鷲山顯月法師赴中國浙江省天台縣出席首屆海峽兩岸禪修旅遊文化論壇——「寧靜旅遊・心靈歸宿」。
	05/21	靈鷲山開設「綠禪食系列課程」，邀請林建良老師講授「認識清潔劑的毒害及無毒液體皂DIY」。
	05/21 ～ 05/22	靈鷲山國際青年團舉辦「Winner Energy營的力量——系列課程」幹部訓練營，並邀請寶月法師主講「營的力量系列課程」。
	05/22	靈鷲山無生道場舉辦「大悲閉關21圓滿祈福法會」。
伍	05/22	靈鷲山基隆講堂、臺中講堂及臺南分院分別舉辦「一日禪」。
	05/22	靈鷲山中壢中心、紐約道場分別啟建「慈悲三昧水懺法會」。
月	05/23 ～ 05/26	靈鷲山綠禪食系列課程，邀請楊從貴、陳慧娟、林東毅等老師帶領「食農食養巡禮」，至臺南官田與佳里等地認識食物與農業環境的關係等議題。
	05/26	以色列駐臺北經濟文化辦事處代表游亞旭（Mr. Asher Yarden）來山拜會心道法師暢談宗教和平。
	05/27 ～ 08/07	世界宗教博物館策劃「萬縷千絲・定於一心——雀金繡宗教藝術展」，特邀中國洛陽雀金繡研究院院長、中國非物質文化遺產雀金繡技藝傳人——王麗敏女士合作，同時結合宗博館展藏特色，展現織繡工藝與宗教文化並陳的豐美。
	05/28 ～ 05/29	靈鷲山無生道場舉辦「雲水禪禪法工培訓營」。
	05/28 ～ 05/29	靈鷲山護法會於善法樓舉辦「全國幹部夏季營暨新科委員授證大會」。
	05/29	世界宗教博物館舉辦「天堂之美在人間——東正教當代蛋彩聖像畫」特展教學資源教師研習營，邀請聖像畫家于涓主講「拜占庭藝術與療癒」。
	05/30	靈鷲山全國普仁獎得主郭奕廷，獲頒總統教育獎。
	05/30 ～ 06/22	靈鷲山三乘佛學院開設南傳課程：「阿毗達摩」及「南傳僧伽律儀」，禮請緬甸仰光全國上座部國立佛教巴利大學校長鳩摩羅羅尊者（Ashin Kumara）及教務主任Ashin Therasabha等比丘來山授課。
	05/28 ～ 06/13	心道法師前往歐洲弘法，行程首先前往德國法蘭克福Neumuehle及本篤禪修中心（Meditionshaus Benediktushof），於這兩處禪修中心教授寂靜修禪法，並在奧地利維也納「阿布杜拉國王跨宗教與跨文化對話國際中心」（KAICIID Dialogue Center）分享跨宗教交流經驗。
	05/30 ～ 06/09	心道法師於德國法蘭克福Neumuehle及本篤禪修中心（Meditionshaus Benediktushof）兩處禪修中心帶領寂靜修禪法教授。
陸	06/11 ～ 06/12	心道法師於奧地利維也納Spriner Schlossl會議中心舉行「禪修課程」。
月	06/13	心道法師受邀於奧地利維也納「阿布杜拉國王跨宗教與跨文化對話國際中心」（KAICIID Dialogue Center），向國王中心的董事會成員發表「愛地球、愛和平」演講，分享二十年來致力於跨宗教交流的互動經驗。

陸 月	06/03～06/24	靈鷲山臺中講堂、高屏講堂分別於每週五舉辦「平安禪法共修」。
	06/04	靈鷲山基隆講堂、香港講堂分別啟建「慈悲三昧水懺法會」。
	06/04	靈鷲山高屏講堂舉辦「一日禪修」。
	06/05	靈鷲山新北市分院、臺中講堂以及海外吉隆坡中心分別啟建「慈悲三昧水懺法會」。
	06/05	靈鷲山新營共修處舉辦「初一、十五佛前大供」。
	06/07～06/28	靈鷲山基隆講堂、臺北講堂以及桃園講堂分別於每週二舉辦「平安禪法共修」。
	06/07～06/28	靈鷲山樹林中心每週二舉辦「拜願暨平安禪法共修」。
	06/12	靈鷲山水陸法會第四場先修「孔雀明王經暨五大士焰口法會」於新北高工志清堂啟建。
	06/12	靈鷲山新北市分院舉辦「一日禪」。
	06/12	靈鷲山樹林中心、桃園講堂、高屏講堂、蘭陽講堂以及海外馬來西亞檳城國際禪修中心分別啟建「慈悲三昧水懺法會」。
	06/15	讚念長老（阿姜讚念‧錫拉寫陀Ajahn Jumnien Silasettho）第八度造訪靈鷲山，與僧俗信眾交流佛學思想、傳授法教。
	06/17～06/18	靈鷲山無生道場舉辦「雲水禪二」。
	06/17～06/19	靈鷲山慧命成長學院於澳底莫瑞納海灣會館舉辦「榮董阿含初階體驗營」。
	06/18	靈鷲山臺北講堂啟建「慈悲三昧水懺法會」。
	06/18	靈鷲山慧命成長學院開設二〇一六「經典開門‧智慧列車課程」，邀請靈鷲山三乘佛學院教授師澄觀法師講授「水陸儀軌（下）」。
	06/18	靈鷲山慧命成長學院舉辦「心寧靜——做情緒的主人」教師研習營。
	06/19	靈鷲山於下院聖山寺廣場舉辦「靈鷲山開山三十三週年慶系列慶典活動」。
	06/19	靈鷲山水陸法會第五場先修「大悲觀音普門品暨度亡法會」於下院聖山寺金佛園區啟建。
	06/19	靈鷲山慈善基金會於紐約道場舉辦「普仁獎頒獎典禮」。
	06/19	靈鷲山臺南分院舉辦初一、十五佛前大供及「百萬大悲咒共修」。
	06/19	靈鷲山基隆講堂舉辦「一日禪」。
	06/19	靈鷲山桃園講堂舉辦「一日禪（戶外禪）」。
	06/19	靈鷲山嘉義中心舉辦「佛前大供」。
	06/19	靈鷲山泰國講堂啟建「觀音百供法會」。
	06/21	靈鷲山緬甸「弄曼佛教城計畫」沙彌學院開學典禮。
	06/23	靈鷲山無生道場獲新北市政府二〇一六績優宗教團體社會教化獎，由總本山監院懇慧法師代表領獎。
	06/25～07/01	心道法師展開東南亞弘法行程，首站來到印尼，於雅加達南海觀音廟主持千手千眼觀音法門傳授，以及「〈大悲咒〉共修法會」。
	06/25	靈鷲山般若文教基金會於花蓮共修處舉辦生命快樂大學習系列：「送給生命一份好禮：厚雅人生」，邀請靈鷲山首座了意法師主講。

陸月	06/25～06/26	靈鷲山國際青年團於慧命教室舉辦「第四屆國際哈佛青年營Winner Energy——營的力量」幹部訓練課程。
	06/25	靈鷲山臺北講堂舉辦「一日禪」。
	06/26	靈鷲山新營共修處啟建「慈悲三昧水懺法會」。
	06/26	靈鷲山泰國講堂啟建「慈悲三昧水懺法會」。
	06/27	心道法師東南亞弘法行程，第二站前往印尼萬隆，探視當地弟子與信眾。
	06/28	自由時報、民眾日報等媒體記者團參訪靈鷲山，體會慈悲與禪宗風。
	06/30～07/03	靈鷲山於新加坡舉辦「東南亞宗風研習營」，來自中國北京、杭州、鄭州、香港、印尼萬隆、雅加達、馬來西亞吉隆坡、檳城、柔佛，以及新加坡等各國幹部共一百三十多人與會，心道法師親臨會場主持開幕儀式並為大眾開示。
柒月	07/02	靈鷲山香港講堂啟建「慈悲三昧水懺法會」。
	07/03	心道法師親臨緬甸北部臘戌靈鷲山弄曼大善園寺沙彌學院主持愛學日開學典禮。
	07/06～07/07	靈鷲山於無生道場舉辦「綠禪食系列課程」四季禪食，邀請馬來西亞知名養生素食主廚林孝雲居士教授「什麼是禪的滋味？什麼樣的飲食可以讓身心體驗平靜和諧？吃出禪味——身心自在好禪味」。
	07/09～07/10	靈鷲山國際青年團分別於新北分院與臺南分院舉辦靈鷲山兒童快樂學佛營「跟著悉達多來尋寶」，希望培養孩子愛與專注力，從互動中快樂學習。
	07/10	靈鷲山新北分院、桃園講堂及臺中講堂分別啟建「慈悲三昧水懺法會」。
	07/10	靈鷲山臺北講堂邀請寶月法師、東區A區執行長陳松根師兄主講生命課程「水陸拼圖」講座。
	07/10～08/03	心道法師開始為期21日的靈鷲山水陸空大法會前行閉關。
	07/12～07/14	靈鷲山國際青年團於下院聖山寺金佛園區舉辦「青年團國際哈佛營幹部訓練」。
	07/14～07/15	靈鷲山慈善基金會組織「尼伯特風災志工團隊」，前進臺東災區協助天主教臺東聖母醫院健康農莊及東海國中清理，重建家園。
	07/15～07/17	靈鷲山國際青年團於無生道場舉辦「臺灣區第四屆國際青年哈佛營」。
	07/15～07/17	靈鷲山無生道場舉辦「雲水禪三」。
	07/16	靈鷲山慧命成長學院開設二〇一六「經典開門‧智慧列車」課程，邀請靈鷲山三乘佛學院教授師清如法師講授《佛說阿彌陀經》。
	07/16	靈鷲山臺北講堂啟建「慈悲三昧水懺法會」。
	07/17	靈鷲山紐約道場啟建「地藏法會」。
	07/21～07/23	靈鷲山慧命成長學院舉辦「第十一期心寧靜——情緒管理教學教師研習營」。
	07/24	靈鷲山馬來西亞國際青年團發起蓮花生慈愛之家「大掃除——禪風義掃」，號召六十五名青年信眾響應。
	07/28	靈鷲山於桃園市政府舉辦「第二十三屆水陸空大法會」記者會，包括桃園市長鄭文燦及各界貴賓與會，靈鷲山都監院院長暨佛教基金會執行長常存法師特別邀請各界貴賓為近日國內外發生的重大社會事件點燈祝禱，期以水陸法會的大普施願力，為臺灣社會和諧祈福。

	08/02	靈鷲山與桃園市消防局共同舉辦消防講習說明會，以確保法會現場公共安全與生命財產安全。
	08/03～08/10	靈鷲山第二十三屆水陸空大法會於桃園巨蛋體育館啟建，法會以「愛地球，愛和平」、實踐「寧靜、愛心、對話、素食、再生、節能、減碳、節水、綠化」愛地球九大生活主張為主題。
	08/03	靈鷲山與桃園市政府、桃園地方宮廟於靈鷲山水陸空大法會啟建當天於法會現場聯合舉辦「宗教聯合祈福會」，祈願風調雨順、國泰民安、地球平安。
	08/04	靈鷲山水陸空大法會啟建期間，水陸青年志工與靈鷲山國際青年團團員、歷屆國際哈佛青年於桃園巨蛋體育館舉辦「與師有約同學會」。
	08/05	靈鷲山於水陸空大法會啟建期間，禮請緬甸仰光全國上座部巴利大學校長鳩摩羅尊者（Ashin Kumara）主持八關齋戒。
	08/06	靈鷲山香港講堂啟建「慈悲三昧水懺法會」。
	08/07	靈鷲山水陸空大法會啟建期間，靈鷲山榮譽董事會於桃園巨蛋體育館舉辦「榮董供上堂拈香暨與師有約聯誼會」。
捌	08/08	靈鷲山第二十三屆水陸空大法會第三場齋僧，由緬甸仰光全國上座部巴利大學校長鳩摩羅尊者擔任主法，邀請水陸法會各壇城法師一起受供。
	08/09	靈鷲山第二十三屆水陸空大法會舉辦「白米愛心贊普」贈送儀式，與桃園地區四千多戶有需要的家庭以及四十個慈善團體結緣。
	08/13	心道法師應寧瑪派傳承釋迦仁波切之邀，出席由全臺灣寧瑪巴各中心聯合於新北市三重體育館舉辦的「猴年猴月蓮師十萬薈供大法會」。
月	08/15～08/17	心道法師受邀前往中國北京合光禪修中心傳授平安禪法。
	08/20	靈鷲山慧命成長學院開設二○一六「經典開門・智慧列車」課程，邀請靈鷲山顯月法師講授《地藏菩薩本願經》。
	08/20	世界宗教博物館、靈鷲山新北市分院與東家創世紀大樓、捷和生活家社區，聯合啟建社區「中元普度法會」。
	08/21	心道法師首度出席中華國際供佛齋僧功德會於林口體育館主辦的「第十三屆國際供佛齋僧大會」，並應邀致詞。
	08/22～08/23	靈鷲山無生道場於聞喜堂舉辦「四期教育阿含初階全山大堂課程」，由了意法師、常存法師、顯月法師、淨華法師、楊田林老師、林國賓老師主講。
	08/22～08/28	靈鷲山無生道場舉辦「雲水斷食禪七」。
	08/24	藏傳佛教寧瑪噶陀派五大黃金法台之一的噶陀格澤摩訶班智達第四世法王局美・滇巴堅參參訪靈鷲山，拜會心道法師並為僧眾開示。
	08/27	靈鷲山馬來西亞檳城國際禪修中心在檳城植物公園主辦「檳城千人平安禪暨音樂會」活動。
	08/31～09/04	靈鷲山於無生道場舉行「龍樹生命和平教育課程（Nagarjuna Education for Peace and Life）」一年級之第一階。
	09/02～09/04	靈鷲山於無生道場舉辦「榮董快樂生活禪體驗營」。
玖	09/02	心道法師親臨無生道場聞喜堂修安土地龍神法。
月	09/02	心道法師於無生道場接待藏傳佛教格魯派丹增旺秋仁波切及格西等來山參訪。
	09/03～09/04	靈鷲山護法會總會分別於新北分院、臺南分院舉辦「儲委精進營」。

	09/03	靈鷲山於下院聖山寺舉辦新北A區護法委員「八關齋戒」。
	09/03	靈鷲山於無生道場森林大禪堂舉辦導覽團「一日禪修」。
	09/03	靈鷲山基隆講堂、香港講堂分別啟建「慈悲三昧水懺法會」。
	09/03	靈鷲山慧命成長學院於慧命教室舉辦「我的藝術人生」講座，由郭祐孟老師主講。
	09/04	靈鷲山臺中講堂啟建「慈悲三昧水懺法會」。
	09/05	靈鷲山護法會於桃園中國遊客團火燒車事故地點舉辦「無國界超薦普度祈安法會」，桃園市長鄭文燦親臨法會現場拈香致意。
	09/06 ～ 09/18	心道法師出訪紐約弘法行程，於紐約聯合國總部舉辦第十五屆回佛對談、第一屆青年回佛對談，並親臨紐約長島主持平安禪三以及主法「圓滿施食超度法會」，後並出席法拉盛喜來登酒店舉辦之「愛與和平音樂會」。
	09/06	韓國禪雲寺參訪團來山參訪。
	09/08	心道法師出席美國愛與和平之旅記者會，邀請穆斯林法拉盛中心代表Syed Bukhari、亞裔美人穆斯林社群代表Anwar Chaudhry，以及在九一一事件中英勇救人的華人英雄曾喆的母親——曾媽媽等人出席，期能藉由不同宗教與種族的參與者，和平對話以促進瞭解，發揚多元共存的精神。
玖	09/08	世界宗教博物館、愛與和平地球家（GFLP）於紐約聯合國總部舉辦第十五屆回佛對談，由心道法師與梵蒂岡駐聯合國代表Archbishop Bernardito Cleopas Auza、紐約伊斯蘭文化中心學者Imam Shamsi Ali進行跨宗教對談。
	09/09	世界宗教博物館、愛與和平地球家，與紐約永續發展委員會、紐約華人家長學生聯合會等單位，共同於紐約聯合國教會中心（CCUN）舉行第一屆青年回佛對談，由回、佛青年領袖對談。
	09/09 ～ 09/11	靈鷲山於無生道場舉辦「雲水斷食禪三」。
月	09/10 ～ 09/12	心道法師於紐約長島主持「信眾禪三」。
	09/10	靈鷲山慧命成長學院舉辦二〇一六「經典開門‧智慧列車」專題講座，由郭祐孟老師主講《藥師如來本願功德經》。
	09/10	靈鷲山臺北講堂啟建「慈悲三昧水懺法會」。
	09/11	靈鷲山桃園講堂、蘭陽講堂分別啟建「慈悲三昧水懺法會」。
	09/14	心道法師於紐約弘法期間，與美國RAA公司總裁奧若夫（Ralph Appelbaum）及前哈佛大學宗教學研究中心主任蘇利文教授（Dr. Lawrence E. Sullivan）會面。
	09/14	心道法師於靈鷲山紐約道場主法「圓滿施食超度法會」。
	09/14	心道法師出席紐約道場於法拉盛喜來登酒店舉辦之「愛與和平音樂會」。
	09/15	心道法師出席靈鷲山紐約道場舉辦之「中秋祈福晚會」。
	09/16 ～ 09/17	靈鷲山紐約道場舉辦「成佛藍圖——四期教育阿含學佛營課程」。
	09/18	靈鷲山新北分院、臺南分院以及花蓮共修處分別啟建「慈悲三昧水懺法會」。
	09/20	中國廣東東莞市佛教協會組成兩岸宗教交流參訪團來山參訪。
	09/20	新北市議員蘇有仁、鶯歌區區長胡合鏐、三峽區區長陳健民、貢寮區區長陳文俊及三鶯地區里長、社區發展協會理事長等地方意見領袖，參訪靈鷲山並拜會心道法師。

	09/22	中國廣東省韶關市雲門山大覺禪寺方丈明向法師等一行來山參訪。
	09/23	泰國貿易經濟辦事處勞工處處長沃德婉（Lupthawan Walsh）來山拜會心道法師。
玖月	09/24～09/25	靈鷲山下院聖山寺舉辦「志工淨心營暨平安禪禪修」活動。
	09/24～09/25	靈鷲山護法總會於臺中2100教育訓練會館舉辦「護法會幹部秋季成長營」。
	09/24	靈鷲山慧命成長學院於慧命教室舉辦「心寧靜——做情緒的主人」教師研習。
	09/30	中國北京大學哲學系教授樓宇烈偕世界佛教僧伽會青年委員副主任釋能持、國際儒聯文化教育普及委員會委員馬一弘等人，參訪靈鷲山並拜會心道法師。
拾月	10/01～10/10	靈鷲山於無生道場舉辦「雲水斷食禪十」。
	10/01～10/02	靈鷲山護法會於新北分院、臺南分院分別舉辦「生命關懷精進營」。
	10/01	靈鷲山榮譽董事會於臺南關子嶺舉辦「慈悲與禪——南臺灣宗風體驗營」。
	10/01	靈鷲山基隆講堂於基隆中正公園二二八紀念碑舉辦「第二屆大悲行腳活動」。
	10/01	靈鷲山香港講堂啟建「慈悲三昧水懺法會」。
	10/01	靈鷲山心寧靜教師團於慧命教室舉辦「心寧靜——做情緒的主人」教師研習營。
	10/02	靈鷲山於下院聖山寺啟建「上師壽誕小齋天法會」。
	10/02	靈鷲山新莊中港中心、臺中講堂分別啟建「慈悲三昧水懺法會」。
	10/08～10/09	靈鷲山榮譽董事會於聖山寺舉辦「新科榮董授證暨全球榮董聯誼會」。
	10/09	靈鷲山下院聖山寺新山門灑淨啟用儀式，心道法師親臨主持灑淨。聖山寺山門意象源自大鵬金翅鳥嘎魯達（Garuda）梵文，由種子字型演變而來，同時參考漢朝龍形紋，猶如兩隻祥龍相對，寺徽置於龍紋間，有如雙龍含珠。
	10/09	靈鷲山於聖山寺金佛園區舉辦秋季祭典「地藏法會暨五大士焰口法會」。
	10/09～10/14	靈鷲山慈善基金會與長庚醫院組織醫療義診團，前往緬甸臘戌辦理義診及生活衛教宣導。
	10/14～10/16	靈鷲山榮譽董事會於苗栗巧克力雲莊舉辦四期教育「阿含課程初階主題課程——初轉之法」，由了意法師等主講。
	10/15～10/16	靈鷲山於無生道場舉辦「禪法工培訓」。
	10/15～10/16	靈鷲山護法總會分別於新北分院、臺南分院舉辦「儲委精進營」。
	10/15	靈鷲山慈善基金會前往緬甸老街市參訪，考察老街市慈善場所營運及落實孤兒教養費用捐助事宜。
	10/15	靈鷲山慧命成長學院舉辦二〇一六「經典開門‧智慧列車」專題講座，由恆傳法師主講《觀世音菩薩普門品》。
	10/16	心道法師於於馬來西亞柔佛南方大學主法「千燈供佛大悲觀音祈福消災法會」，並傳授大悲觀音法教。
	10/16	靈鷲山於下院聖山寺金佛殿設置泰王蒲美蓬追思禮堂，供民眾追思悼念。
	10/16	靈鷲山嘉義中心啟建「地藏菩薩本願經暨蒙山施食法會」。
	10/16	靈鷲山高屏講堂分別啟建「慈悲三昧水懺法會」。
	10/17～10/30	心道法師前往緬甸弘法行程，首先於仰光大善園寺舉行認師禮，並於果敢自治區首府老街市啟建「千僧安靈法會」，及出席果敢佛牙塔園區慈善教育永久基金之贊助儀式。

拾月	10/17	靈鷲山臺東中心率領志工團隊前往東河村東河橋出海口處淨灘。
	10/18～10/22	靈鷲山臺北講堂啟建「梁皇寶懺法會暨瑜伽焰口施食法會」。
	10/20～10/21	靈鷲山與新北市政府於新北市三重區綜合體育館共同舉辦「泰王蒲美蓬追思祈福會」。
	10/20～10/25	心道法師於緬甸果敢自治區首府老街市啟建「千僧安靈法會」。
	10/20	世界宗教博物館舉辦兒童館展區「愛的星球」開館記者會，邀請臺中偏鄉學校溪尾國小學童參訪。
	10/21～10/23	靈鷲山臺東中心於臺東東河部落屋舉辦「戶外禪三」。
	10/22	靈鷲山於下院聖山寺金佛殿禮請泰國僧王寺副住持及四位比丘為泰王蒲美蓬誦經祈福，會後僧王寺副住持一行參訪無生道場。
	10/22	靈鷲山慧命教室舉辦「我的茶禪人生」課程，由游添福老師主講。
	10/23	靈鷲山於新北市三重區綜合體育館啟建二〇一七年第一場水陸先修「大悲觀音祈福暨瑜伽焰口法會」。
	10/23	靈鷲山紐約道場啟建「慈悲三昧水懺法會」。
	10/25	靈鷲山慧命成長學院於中國上海舉辦四期教育「阿含課程初階主題課程——初轉之法」。
	10/26～10/30	靈鷲山新北分院啟建「梁皇寶懺暨瑜伽焰口法會」。
	10/28～10/30	靈鷲山慧命成長學院於中國福建舉辦「阿含課程初階主題課程——初轉之法」。
	10/29	靈鷲山寂光寺啟建「地藏法會暨瑜伽焰口法會」。
	10/30	靈鷲山樹林中心、桃園講堂啟建「慈悲三昧水懺法會」。
	10/30	靈鷲山慧命成長學院於中國福州舉辦「阿含課程初階主題課程——初轉之法」。
拾壹月	11	心道法師禪法英文書《The Way of Heart》（心之道）出版，並在美國Amazon網路書店向全世界販售，本書由心道法師多年弟子、世界宗教博物館國際計畫總監瑪麗博士（Dr. Maria Reis Habito）主編及翻譯。
	11	世界宗教博物館為慶祝開館十五週年，舉辦「心的博物館」教育活動，包括來館參觀免費及半價等優惠方案，以及「愛的星球——生日小遊行」、「探索心靈地圖」、「小客廳看世界」、「奇幻精靈劇場」等系列活動。
	11	世界宗教博物館與新北市永平國小美術班合作舉辦「做自己的星球」活動，以「愛的星球」為主題發想，並以「星球就是我的遊樂場」為基調，創作自己心目中的理想星球。
	11/01～11/05	靈鷲山基隆講堂啟建「梁皇寶懺法會暨瑜伽焰口施食法會」。
	11/04～11/07	心道法師前往馬來西亞吉隆坡弘法行程，期間主法一場「觀音薈供消災祈福法會」。
	11/04～11/06	靈鷲山慧命成長學院於無生道場舉辦「全球心寧靜教師團——三日進階師資培訓」課程。
	11/05	靈鷲山香港講堂啟建「慈悲三昧水懺法會」。
	11/05	靈鷲山慧命成長學院舉辦二〇一六「經典開門·智慧列車」專題講座，邀請郭祐孟老師主講《藥師如來本願功德經》。
	11/06	心道法師於馬來西亞吉隆坡馬華大廈三春講堂主法「觀音薈供消災祈福法會」。
	11/06	世界宗教博物館舉辦二〇一六「與博物館共遊：世界宗教文化系列課程——道教、神道教」，邀請謝宗榮教授、徐翔生教授主講。

	11/06	靈鷲山臺南分院、臺中講堂分別啟建「慈悲三昧水懺法會」。
	11/06	靈鷲山馬來西亞吉隆坡佛學會舉辦新舊會長交接，由葉聲西居士交棒潘金躍居士。
	11/07	世界宗教博物館舉辦二〇一六「與博物館共遊：世界宗教文化系列課程——印度教」，邀請黃柏棋教授主講。
	11/08	世界宗教博物館舉辦二〇一六「與博物館共遊：世界宗教文化系列課程——錫克教」，邀請黃柏棋教授主講。
	11/09	泰國貿易經濟辦事處勞工處處長沃德婉於世界宗教博物館館慶時，特別向心道法師致謝，除感謝靈鷲山舉辦泰王蒲美蓬追思法會外，並致贈泰民親筆簽名軸以及泰國駐臺辦事處感謝狀。
	11/09	世界宗教博物館十五週年館慶，舉辦「宗教代表聯合祈福會」、「愛地球、愛和平感恩音樂會」、「回佛對談十五年青年講座」等系列活動慶祝。
	11/09 ～ 2017/02/12	世界宗教博物館與祥太文化基金會共同策劃「福祥吉兆—王步青花瓷繪及交趾陶特展」。
	11/09 ～ 12/11	世界宗教博物館於宗博文化生活館舉辦「藝曲同貢」特展，邀請卜華志、王琛、方銀子、吳肇熙、胡嘉、張耀煌、葉方、楊柏林及趙韋等多位藝術家共同展出。
拾	11/09	世界宗教博物館舉辦「回佛對談十五年青年講座」，邀請世界宗教博物館國際計畫總監瑪麗博士及前哈佛大學世界宗教研究中心主任蘇利文博士主講。
壹	11/10	世界宗教博物館舉辦二〇一六「與博物館共遊：世界宗教文化系列課程——臺灣民間信仰」，邀請李世偉教授主講。
月	11/12	世界宗教博物館為慶祝開館十五週年，於永和區舉辦「愛的星球——生日小遊行」踩街活動，及「探索心靈地圖」、「奇幻精靈劇場：奇幻精靈登場——Hello Miracle」等各項文化體驗活動。
	11/12 ～ 11/13	靈鷲山護法總會於南投日月潭青年活動中心舉辦「幹部冬季成長營」。
	11/13	靈鷲山花蓮共修處啟建「慈悲三昧水懺法會」。
	11/13	世界宗教博物館「福祥吉兆—王步青花瓷繪及交趾陶特展」教育活動，邀請祥太文化基金會創辦人王福源、前國立臺灣歷史博物館研究員成耆仁講述「王步青花的收藏與特色」。
	11/14	世界宗教博物館為慶祝開館十五週年，於一樓廣場舉辦「心的市集」。
	11/14	靈鷲山馬來西亞檳城國際禪修中心接受檳城菩提獨立中學邀請，協助該校推動校園「一日禪」。
	11/17	世界宗教博物館舉辦二〇一六「與博物館共遊：世界宗教文化系列課程——馬雅信仰」，邀請何國世教授主講。
	11/18 ～ 12/04	靈鷲山於下院聖山寺啟建「華嚴法會」，並於圓滿日啟建二〇一七年第二場水陸先修「普賢行願品暨瑜伽焰口法會」。
	11/19	世界宗教博物館舉辦二〇一六「與博物館共遊：世界宗教文化系列課程——猶太教、伊斯蘭教」，邀請曾宗盛教授、林長寬教授主講。
	11/19	靈鷲山慧命成長學院舉辦二〇一六「經典開門·智慧列車」專題講座，禮請靈鷲山首座了意法師主講《大乘妙法蓮華經》。
	11/20	世界宗教博物館舉辦二〇一六「與博物館共遊：世界宗教文化系列課程——佛教、基督宗教」，邀請蔡耀明教授、鄭仰恩教授主講。
	11/20	世界宗教博物館為慶祝開館十五週年舉辦「小客廳看世界」電影賞析活動，首場放映猶太文化影片「緊握生命的希望」，並邀請輔仁大學宗教系鄧元尉助理教授分享。

拾壹月	11/23	泰國貿易經濟辦事處代表畢倫（Amb. Piroon Laismit）夫婦、勞工處處長沃德婉（Lupthawan Walsh）、副處長張發（Tosapol Sumanont）、秘書陶雲升（Virut Taoprasirt）等人來山拜會心道法師，感謝靈鷲山舉辦泰王追思法會。
	11/26	靈鷲山慧命成長學院舉辦「我的教育人生」課程，邀請蕭慧英老師主講。
	11/27	世界宗教博物館舉辦二○一六「與博物館共遊：世界宗教文化系列課程──埃及信仰、宗教文化藝術導覽」，邀影邱建一教授、王乙甯教授主講。
	11/27	世界宗教博物館「福祥吉兆─王步青花瓷繪及交趾陶特展」教育活動，邀請中央研究院歷史語言研究所研究員陳國棟講述「全球化初期東方瓷器對西方世界的影響」。
拾貳月	12/02	靈鷲山全球心寧靜教師團受邀至嘉義興華中學，帶領國中部學生體驗寧靜課程。
	12/03 ～ 12/10	靈鷲山「第十五屆緬甸朝聖供僧大法會暨南傳短期出家修道法會」於緬甸仰光翁所布寺院展開，接著陸續前往曼殊寺院、東枝茵萊湖、伍佛廟、大水塘寺院、千佛洞、香腳羅漢寺院、世界和平塔、萬人石窟等地供僧，並於緬甸臘戌曼殊寺院啟建「南傳短期出家修道會」。
	12/03	世界宗教博物館受邀參與國立臺灣圖書館於永和四號公園舉辦的「臺灣閱讀節」。
	12/03	靈鷲山慧命成長學院開設「我的諮商人生」課程，邀請范瑞榮老師主講。
	12/03	靈鷲山香港講堂啟建「慈悲三昧水懺法會」。
	12/04	靈鷲山「南傳短期出家修道會」於緬甸臘戌曼殊寺院啟建，在曼殊大師等二十幾位比丘尊證下完成儀式，並邀請緬甸仰光全國上座部國立佛教巴利大學校長鳩摩羅尊者（Ashin Kumara）為眾戒子講授出家戒律。
	12/04	靈鷲山「華嚴法會」圓滿，圓滿日於聖山寺啟建二○一七年第二場水陸先修「普賢行願品暨瑜伽焰口法會」。
	12/04	世界宗教博物館為慶祝開館十五週年，舉辦「小客廳看世界」電影賞析活動，放映伊斯蘭文化的電影「追風箏的孩子」，並邀請臺北清真寺教長趙錫麟博士分享。
	12/04	靈鷲山臺中講堂啟建「慈悲三昧水懺法會」。
	12/07	心道法師在緬甸弄曼大善園寺主持聘任沙彌學院副院長及七位比丘委任儀式。
	12/09	心道法師率眾於緬甸仰光「世界和平大石窟」（Kaba Aye Mahāpāsāna guhā）舉行供僧儀式，並邀請四十三位緬甸國家僧伽委員會長老與多位當地貴賓親臨供僧，共有一千五百多位比丘應供。
	12/10 ～ 12/11	靈鷲山國際青年團於馬來西亞柔佛中心舉辦第三屆兒童營之「佛在童年」。
	12/10	世界宗教博物館為慶祝開館十五週年，於新北市永和區舉辦「故障鳥──偶劇表演」。
	12/10	靈鷲山慧命成長學院舉辦「心寧靜──做情緒的主人」教師研習營。
	12/10	靈鷲山臺北講堂啟建「慈悲三昧水懺法會」。
	12/11	世界宗教博物館「福祥吉兆─王步青花瓷繪及交趾陶特展」教育活動，邀請文史工作者康鍩錫講述「走讀臺灣廟宇裝飾藝術」。
	12/11	靈鷲山中壢中心、臺南分院分別啟建「慈悲三昧水懺法會」。
	12/12 ～ 12/13	靈鷲山首座了意法師率領靈鷲山法師前往臺南官田友善大地參訪，隔天前往福智僧團湖山分院、慈心有機農場以及福智教育園區參學。
	12/15	藏傳佛教寧瑪與竹巴噶舉成持有者措尼仁波切受心道法師邀請，來山為常住僧眾宣講「大圓滿專題講座」。

拾貳月	12/15	中國知名藝人何晟銘參訪靈鷲山，拜會心道法師。
	12/16 ～ 12/18	靈鷲山國際青年團於馬來西亞柔佛中心舉辦「第四屆青少年快樂學佛營」。
	12/18	靈鷲山慈善基金會與中區護法會於臺中市政府前廣場舉辦「靈鷲山普仁獎頒獎典禮暨活力大臺中園遊會」活動。
	12/18	世界宗教博物館為慶祝開館十五週年舉辦「小客廳看世界」電影賞析活動，放映臺灣民間文化影片「臺中迓媽祖」，並邀請臺中教育大學臺灣語文學系林茂賢教授分享。
	12/20 ～ 12/24	靈鷲山於無生道場舉行「龍樹生命和平教育課程（Nagarjuna Education for Peace and Life）」一年級之第二階。
	12/21	靈鷲山法師率領工程團隊前往福智僧團之古坑福智教育園區及慈心農場參訪有機和環保工程。
	12/22	靈鷲山慈善基金會於澎湖馬公國小舉行「普仁頒獎典禮」。
	12/24	世界宗教博物館為慶祝開館十五週年，舉辦「洞裡有怪獸──偶劇表演」。
	12/25 ～ 12/31	靈鷲山於聖山寺啟建寶華山律儀的「居家五戒暨菩薩戒會」，恭請心道法師為得戒阿闍黎與依止和尚，惟悟法師為羯摩阿闍黎，大雲法師為教授阿闍黎。
	12/25	靈鷲山蘭陽講堂啟建「慈悲三昧水懺法會」。
	12/27	靈鷲山臺北講堂菩提婦女會帶領新竹縣偏鄉學童前往世界宗教博物館參訪。

國家圖書館出版品預行編目(CIP)資料

靈鷲山弘法紀要. 2016 / 釋法昂等編輯. -- 初版. --
新北市：靈鷲山般若出版, 2017.01

面；　公分

ISBN 978-986-93650-4-8(平裝)

1.佛教教化法 2.佛教說法

225.4　　　　　　　　　　　　　106000057

靈鷲山2016弘法紀要

總 策 劃　　釋了意
編 　 審　　靈鷲山文獻中心及出版中心
編 輯 群　　釋法昂、陳坤煌、洪淑妍、林佳儀、楊湳榆
美 　 編　　黃偉哲
影片剪輯　　靈鷲山文獻中心
圖片提供　　靈鷲山攝影組志工

發 行 人　　黃虹如
出版發行　　財團法人靈鷲山般若文教基金會附設出版社
劃撥帳戶　　財團法人靈鷲山般若文教基金會附設出版社
劃撥帳號　　18887793
地 　 址　　23444新北市永和區保生路2號21樓
電 　 話　　(02)2232-1008
傳 　 真　　(02)2232-1010
網 　 址　　www.093books.com.tw
讀者信箱　　books@ljm.org.tw

法律顧問　　永然聯合法律事務所
印 　 刷　　皇城廣告印刷事業股份有限公司
初版一刷　　2017年1月
定 　 價　　新臺幣580元
Ｉ Ｓ Ｂ Ｎ　　978-986-93650-4-8 (平裝)

靈鷲山般若書坊